我有一双天使的翅膀

心灵中的契约
——感念厚重的恩德

◇主 编/杨 晶

哈尔滨工业大学出版社
HARBIN INSTITUTE OF TECHNOLOGY PRESS

图书在版编目（CIP）数据

心灵中的契约:感念厚重的恩德/杨晶主编. - 哈尔滨:哈尔滨工业大学出版社,2014.6
（我有一双天使的翅膀）
ISBN 978-7-5603-4629-8

Ⅰ.①心… Ⅱ.①杨… Ⅲ.①儿童故事-作品集-中国-当代 Ⅳ.①Ⅰ287.5

中国版本图书馆CIP数据核字（2014）第040883号

编者声明

本书的编选，参阅了一些报刊和著作。由于联系上的困难，我们与部分作者未能取得联系，谨致深深的歉意。敬请原作者见到本书后，及时与我们联系，以便我们按国家有关规定支付稿酬。
联系电话：0451-86417530

我有一双天使的翅膀

心灵中的契约——感念厚重的恩德

策划编辑	甄淼淼
责任编辑	甄淼淼　常　雨　张鸿岩
插图绘制	孙　宇　刘美玲
封面设计	刘长友
出版发行	哈尔滨工业大学出版社
地　　址	哈尔滨市南岗区复华四道街10号
邮　　编	150006
网　　址	http://hitpress.hit.edu.cn
传　　真	0451-86414049
印　　刷	大庆日报社印刷厂
开　　本	720mm×980mm　1/16
印　　张	10
字　　数	111千字
版　　次	2014年6月第1版
印　　次	2014年6月第1次印刷
书　　号	ISBN 978-7-5603-4629-8
定　　价	26.80元

前言
Forewords

当春风吹红了桃花,花儿懂得了感谢;

当细雨滋润了大地,万物懂得了生命的开始;

当阳光照耀着笑脸,我们懂得了生活原来如此精彩……

我们倾注全心给小读者们奉上了本套《我有一双天使的翅膀》系列丛书,包括智慧、哲理、历史和童话等内容的小故事。

整套书文字浅显并配有精美图片,符合学生的阅读水平,所选取的皆为寓意深刻、富含哲理的小故事,堪称经典。此外,每一篇小故事都设有"名人名言"和"小故事大道理"等栏目,可以帮助小读者们更好地理解故事、感悟道理。

衷心希望小读者们能喜欢本套丛书,并且从中学到智慧、悟到哲理、知晓历史、品味读书的乐趣!

目录 Contents

第一辑　高贵的秘密

- 8　孩子，请给妈妈让座
- 10　一杯牛奶
- 12　猴子种栗子
- 14　别人的心肝宝贝
- 16　我没有钓住那条鱼
- 18　张良的意外收获
- 21　把品德放在第一位
- 23　感恩奉孝
- 27　尼泊尔的啤酒
- 31　韩信的承诺
- 33　高贵的秘密
- 36　不铺张的好爷爷
- 38　不悔的选择
- 40　宽　恕
- 43　宽容的至高境界
- 46　托尔斯泰的宽容
- 48　启功的宽大胸怀
- 50　宽容的蜘蛛大婶
- 52　心胸宽广的韩琦
- 54　宽容和肯定
- 58　那天我真想放下教鞭
- 62　三十五次紧急电话
- 64　一枚最有价值的硬币
- 66　遇事冷静的楷模
- 68　有远见的楚王

第二辑　信任的力量

- 72　信　任
- 74　一诺千金
- 76　主人在自己的心里
- 80　信用的缺憾无法补偿
- 82　诚实的拒绝
- 85　"多出"的五十元话费

我有一双天使的翅膀

88	他的名字叫原则	120	害人终害己
91	信任的力量	123	一个祝福的价值
94	马戏团		第四辑　人生的偶然
96	抱抱法官	128	学会感恩

第三辑　那一课叫敬业

- 100　能给予就不贫穷
- 102　绝对的奉献
- 104　敬业的故事
- 106　那一课叫敬业
- 108　商人收养的孤女
- 111　一颗善良的心
- 113　善小亦为
- 116　狮子王住宿
- 118　乞丐也要休假

- 131　人生的偶然
- 134　少壮须努力
- 136　骗不了一世
- 138　吐"墨汁"的小乌贼
- 140　三本记分册
- 144　高等教育
- 147　心灵契约
- 151　我是重要的
- 154　信任无价

编者寄语

　　读罢此书,你会发现美德每时每刻存在于我们周围:一句真挚的祝福、一个坚定的承诺、一个温暖的拥抱、一颗善良的心……真诚地希望读者能够牢记传统美德,并将它发扬光大。

第一辑
高贵的秘密

近朱者赤,近墨者黑。高贵也是这样,没有一种高贵可以遗世独立。要想保持自己的高贵,就必须拥有高贵的"邻居";要想拥有一片高贵的花的海洋,就必须与人分享美丽,同大家共同培植美丽。只有这样,我们才能保持自身的纯洁和华贵。

孩子，请给妈妈让座

◇肖芸

> 路漫漫其修远兮，吾将上下而求索。
> ——屈原《离骚》

儿子13岁生日那天，我郑重地提出了一个要求：以后在公共汽车上，如果只有一个座位，那么，请把座位让给我。儿子很吃惊，因为以前都是父母为他让座，这仿佛已经成了天经地义的事。我说："孩子，你快和妈妈一般高了。你身体健康、精力充沛，而妈妈已人到中年，腰腿都不如以前了。之所以在你过生日时提出这样的要求，是因为你出生那天，就是妈妈一生中最辛苦的一天。"儿子说："妈妈，我懂了。"

几天后，我和儿子路过一家大酒店，一个熟人正搂着她的宝贝儿子，在众亲友的簇拥下走出来。见到我，她神采飞扬地说，儿子今天12岁生日，摆了十几桌酒席。我问那男孩，"你知道妈妈的生日是哪天吗？"那男孩发光的双眼顿时变得迷茫起来。熟人哈哈大笑，拍着我的肩说："将来想指望他们？没门儿！等我们老了走不动了，就进养老院吧！"那一拨人风风光光地走了，我小心翼翼地

将目光转向儿子，出乎意料地是，儿子说："等那个阿姨老得走不动了，她就不会说这样的话了。昨天我还在电视里看到一个老太太为养老的事和儿子打官司呢！"这回轮到我惊讶了：儿子真得长大了！公共汽车上，终于有了一个空位，儿子习以为常地一屁股坐下，但随即又触电般地跳了起来，说："妈妈，您坐。"我如梦初醒般地坐下了。看来，我和儿子都没有这样的让座习惯，但我们会慢慢习惯的。

孩子，我知道你此时此刻也很疲惫，但我还是要让你站着，因为你面前的路还很长，很坎坷，从现在开始，你应该练练脚力了。

小故事大道理

妈妈教育孩子要学会关心关爱别人，重视别人，这对他将来走入社会，创造事业都是很重要的，多为别人考虑，才会投其所好，得到别人的青睐。如果连最疼爱自己的人都不在乎，又怎么会懂得在乎其他人呢？母亲可谓用心良苦，让他暂时吃苦，其实是为了他将来的一帆风顺。

一杯牛奶

◇吕航

[爱人者，人恒爱之；敬人者，人恒敬之。
——《孟子·离娄下》]

一天，一个贫穷的小男孩为了攒够学费正挨家挨户地推销商品，劳累了一整天的他感到十分饥饿，但摸遍全身，却只剩下一角钱。怎么办呢？他决定向下一户人家讨口饭吃。当一位美丽的少女打开房门的时候，这个小男孩却有点不知所措了，他没有要饭，只乞求给他一口水喝。少女看到他很饥饿的样子，就拿了一大杯牛奶给他。男孩慢慢地喝完牛奶，问道："我应该付多少钱？"少女回答道："一分钱也不用付。妈妈教导我们，要施人以仁爱，不图回报。"男孩说："那么，就请接受我由衷的感谢吧！"说完，男孩离开了这户人家。此时，他感觉自己浑身是劲儿，他身上那种男子汉气概像洪

水一样暴发出来。其实,男孩本来是打算退学的。

数年之后,那位少女得了一种罕见的重病,当地的医生对此束手无策。最后,她被送到大城市医治,接受专家的治疗。当年的那个小男孩如今已是大名鼎鼎的霍华德·凯利医生了,他也参与了治疗方案的制订。当看到病历上写明的病人的来历时,一个奇怪的念头顿时闪过他的脑际。他立即起身奔向病房。来到病房,凯利医生一眼就认出床上躺着的病人就是那位曾帮助过他的少女。他回到自己的办公室,决心竭尽所能来治好恩人的病。从那天起,他开始给予这个病人特别的关照。

经过艰苦的努力,手术成功了。凯利医生要求把医药费通知单送到自己那里,在通知单上面,他签了字。当医药费通知单送到这位特殊的病人手中时,她简直不敢看,因为她确信,治病的费用将会使她倾家荡产。终于,她还是鼓起勇气,打开了医药费通知单,一行小字引起了她的注意,她不禁轻声读了出来:

"医药费——一满杯牛奶,霍华德·凯利医生。"

小故事大道理

一杯牛奶,不仅仅是送给他人温暖,更给人送去了信心与希望,让他感觉到这个世界还有温暖,仍有活下去的理由。倘若没有这一杯牛奶,小男孩的情况也许不堪设想,而少女也会因为治病变得倾家荡产。做个善良的人吧,不管到什么时候这样的人都是最受欢迎的。

猴子种栗子

◇佚名

[志小则易足，易足则无由进。
——张载]

猴妈妈觉得三个孩子长大了，这年年初，它把家里那片栗树均分给三个孩子，让它们自己培育、独立生活。

猴子三兄弟个个身强力壮，分居后它们天天在果园里除草、治虫、浇水、施肥，栗树长势喜人、硕果累累。

栗子成熟了，三只猴子都忙着收获，然后各自把栗子过了秤。很凑巧，都是200公斤。

当年年底，猴妈妈把三个孩子都叫到身边，要它们汇报栗子的收获情况。猴子三兄弟除老二实报外，老大虚报有300公斤，老三瞒报仅100公斤。

猴妈妈赞扬了老大的勤劳能干，为它颁发了奖金，同时也为老三发放了扶贫款。

次年开始，栗树林里失去了往年的繁忙景象。

猴子三兄弟中的老大想：瞎忙一年也增产不了几个栗子，不如

年底虚报多得奖金。因此，它足不出户，天天睡醒了吃、吃饱了又睡。

老三觉得自己年纪最小，收成不好就可以得到扶助，因此它长期到各地名山游玩，直到年底才回家。

老二虽然对猴哥和猴弟的成绩怀疑，但他认为生活必须依靠自己，开始实施科学种栗子，栗树越长越好，收获也越来越多。

有一年年底，猴妈妈生病死了。从此，痴迷不劳而获的老大、老三失去了依靠，日子很难过，老二却过着非常幸福的生活。

小故事大道理

猴妈妈的三个孩子——老大懒惰，老三贪玩，老二却踏实地耕种。最后只有老二过上了丰衣足食、幸福的日子。这就告诉我们无论干什么都要靠自己，不要只是依赖父母，依靠朋友，别人的帮助也许能解决你一时的困难，但这并不是长远之计。做事情要不靠天不靠地，只有靠自己。

别人的心肝宝贝

◇聂茂

> 慈善行及至亲，但不应仅此为止。
> ——富勒

1861年，雷格尼只身来到新西兰。起初他住在澳大利亚，由于受过良好的教育，他在澳大利亚的工作是家庭教师。后来新西兰出现了黄金，一阵淘金热吸引了全世界的人，他们纷纷涌向南岛奥塔哥的金矿区。雷格尼也于1865年来到米乐平原附近的马蹄湾，在盖博瑞溪谷从事淘金工作，在那里一住就是47年。他工作勤劳，热心助人，只要是发生在马蹄湾的事，他无所不知。

有一天，雷格尼外出工作的时候，发现一具尸体被河水冲到了岸边。那是一具年轻人的尸体。在这两年里，金矿区常常有人被淹死。有些死者还叫得上名字，更多的死者无名无姓，在死亡记录上只好写上"无名氏"。雷格尼发现的这具尸体就来历不明。想到一个可怜的人，死在一个如此遥远的地方，既没有名字，又没有墓碑，雷格尼心中有些难过。他毕竟也是人家的孩子，也是父母养的心肝宝贝啊。在验完尸后，雷格尼告诉验尸官，他要把这具尸体埋掉。他还在坟上立了一块木制的墓碑，上面刻了几个字："别人的心肝宝贝"。

如今这个埋尸地点已成了一道风景，叫作"孤坟"，距离新西兰米乐平原大桥只有九公里远。这儿只有两个坟，却有三块墓碑，一块是雷格尼用黑松木刻的、一块是大理石刻的"别人的心肝宝贝"。旁边，雷格尼自己的墓碑上则被人刻着"雷格尼：埋葬别人心肝宝贝的人"。这件事在米乐平原附近流传了一百多年。面对一个毫不相识的陌生人，雷格尼为什么会付出像对待一个老朋友般的感情呢？这可以从他写给《吐帕克时报》编辑的信中看出来：

"我为什么会对这座坟怀有感情？因为我好像有一种预感，将来我死后也会像它一样：一座孤独的坟躺在荒凉的山丘上。"

雷格尼逝世后，人们满足了他唯一的要求，将他埋葬在那座孤坟旁边。

小故事大道理

雷格尼是善良的、充满爱心的，他用心安葬了一个素不相识的孩子。虽然他不认识这个孩子，但他知道这孩子同样是父母的心肝宝贝，如果死后不能安葬，这将是非常悲惨的事情。懂得付出爱，别人才会把爱送给你，拥有爱的人最幸福，拥有爱的世界最美丽。

我没有钓住那条鱼

◇佚名

> 古人学问无遗力，少壮工夫老始成。纸上得来终觉浅，绝知此事要躬行。
> ——陆游

  记得那是初秋时节的一天，温暖的阳光静静地照耀着树林，在地上投下长长的阴影，使人觉得格外凉爽和惬意。一路上树叶苍翠欲滴，十分悦目；花儿鲜艳可爱，芬芳醉人；鸟儿们唧唧喳喳，欢叫不已。多年的垂钓经历使叔叔深谙鱼儿的习性，他特意将我安排在最有利的位置上。我模仿别人钓鱼的样子，甩出钓鱼线，在水面疾速地抖动渔钩上的诱饵，眼巴巴地等候鱼儿前来取食。好一阵子什么动静也没有，我不禁有些失望。"再试试看。"叔叔鼓励我。但就在这时，诱饵消失得无影无踪了。"这回好啦。"我暗忖，"总算来了一条鱼！"我猛地一拉钓竿，岂料扯出的却是一团水草。我一次又一次地挥动发酸的手臂，把钓鱼线抛出去，但提出水面时却什么也没有。我望着叔叔，脸上露出恳求的神色。"再试一遍，"叔叔若无其事地说，"钓鱼的人得有耐心才行。"

  突然间，我感觉到有什么东西在拽我的钓鱼线。我忙将钓竿往

上一提，立即看到一条逗人喜爱的小狗鱼在阳光下活蹦乱跳。

"叔叔！"我掉转头，欣喜若狂地喊道，"我钓住了一条！""还没有呢。"叔叔慢条斯理地说。他的话音未落，只见那条惊恐的小狗鱼鳞光一闪，箭一般地射向了河心。钓鱼线上的渔钩不见了。我功亏一篑，眼看快到手的猎物又逃走了。我感到分外伤心，满脸沮丧地坐在草地上。叔叔重新替我缚上渔钩，安上诱饵，又把钓竿塞到我手里，叫我再碰一碰运气。"记住，小家伙，"他微笑着，意味深长地说，"在鱼儿尚未被拽上岸之前，千万别吹嘘你钓住了鱼。我曾不止一次发现人们在很多场合下像你这样，结果干了蠢事。事情未办成之前就自吹自擂，一点用也没有，纵然办成了也毋需自夸。"

打这以后，每当我听到人们为一件尚未办成的事而吹嘘时，就情不自禁地回忆起在河边垂钓的那一幕，想起了叔叔的忠告。

小故事大道理

成功的第一个条件就是谦虚，我们不能一有成绩，就像皮球一样，别人拍不得，轻轻一拍，就跳得老高。没有把握的、没有做完的事情，不要大肆吹嘘。吹嘘只会使你的水平越来越低，谦虚则是你提升的良好台阶。学会谦虚就已经迈开了成功的第一步。

张良的意外收获

◇佚名

> 盛年不重来，一日难再晨。及时当勉励，岁月不待人。
>
> ——陶渊明

　　张良是汉高祖刘邦的重要谋臣，在他年轻的时候，曾有过这么一段故事。

　　那时的张良还只是一名很普通的青年。一天，他漫步来到一座桥上，对面走过来一个衣衫褴褛的老头。那老头走到张良身边时，忽然脱下脚上的破鞋子丢到桥下，还对张良说："去，把鞋给我捡回来！"张良当时感到很奇怪又很生气，觉得老头是在侮辱自己，真想上去揍他几下。可是他看到老头年岁很大，便只好忍着气下桥给老头捡回了鞋子。谁知这老头得寸进尺，竟然把脚一伸，吩咐说："给我穿上！"张良更觉得奇怪，简直是莫名其妙。尽管张良已有些生气，但他想了想，还是决定干脆帮忙就帮到底，他跪下身来帮老头将鞋子穿上了。

　　老头穿好鞋，跺跺脚，哈哈笑着扬长而去。张良看着头也不回、连一声道谢都没有的老头的背影，正在纳闷，忽见老头转身又回来了。他对张良说："小伙子，我看你有深造的价值。这样吧，五天后的早上，你到这儿来等我。"

　　张良深感玄妙，就诚恳地跪拜说："谢谢老先生，愿听先生指教。"

　　第五天一大早，张良就来到桥头，只见老头已经先在桥头等候。他见到张良，很生气地责备张良说："同长者赴约还迟到，这像什么话呢？"说完他就起身走了。走出几步，又回头对张良说："过五天早上再会吧！"

　　张良有些懊悔，可也只有等五天后再来。

　　到第五天，天刚蒙蒙亮，张良就来到了桥上，可没料到，老人又先他而到。看见张良，老头这回可是声色俱厉地责骂道："为什么又迟到呢，实在是太不像话了！"说完，十分生气地一甩手就走了。临了依然丢下一句话："还是再过五天，你早早就来吧！"

　　张良惭愧不已。又过了五天，张良刚刚躺下睡了一会儿，还不到半夜，就摸黑赶到桥头，他不能再让老头生气了。过了一会儿，老头儿来了，见张良早已在桥头等候，他满脸高兴地说："就应该这样啊！"然后，老头从怀中掏出一本书来，交给张良说："读了这部书，就可以帮助君王治国平天下了。"

　　说完，老头飘然而去，还没等张良回过神来，老头已没了踪影。

　　等到天亮，张良打开手中的书，他惊奇地发现自己得到的是《太公兵法》，这可是天下早已失传的极其珍贵的书啊，张良惊异

不已。

　　从此,张良捧着《太公兵法》日夜攻读,勤奋钻研。后来真的成了大军事家,做了刘邦的得力助手,为汉王朝的建立,立下了卓著功勋,名噪一时,功盖天下。

小故事大道理

　　张良能够耐住性子给不认识的老人捡鞋、穿鞋,后来又一次一次不厌其烦地赴约,能够看出,他是一个懂礼、勤奋的人。而后张良在老人的帮助下成为难得的人才。诚实守信是一个人最美丽的外套,是心灵最圣洁的鲜花。为人勤勉,宽容大度,是成大事者必备的条件。

把品德放在第一位 ◇佚名

[前事之不忘，后事之师。
——《战国策·赵策》]

阳虎的学生，在天下为官的，比比皆是。可是有一次，阳虎在卫国却遭到官府通缉，他四处逃避，最后逃到北方的晋国，投奔到赵简子门下。

见阳虎失魂落魄的样子，赵简子问他说："你怎么变成这样了呢？"

阳虎伤心地说："从今以后，我发誓再也不培养人了。"

赵简子问："这是为什么呢？"

阳虎懊丧地说："许多年来，我辛辛苦苦地培养了那么多人才，直至现在，当朝大臣中，经我培养的人已超过半数；在地方官吏中，经我培养的人也超过半数；那些镇守边关的将士中，经我培养的同样超过半数。可是没想到，由我亲手培养出来的人，他们在朝廷做大臣的，离间我和君王的关系；做地方官吏的，无中生有地在百姓中败坏我的名声；更有甚者，那些领兵守境的，竟亲自带兵

来追捕我。想起来真让人寒心哪！"

赵简子听了，深有感触。他对阳虎说："只有品德好的人，才会知恩图报。那些品质差的人，他们是不会这么做的。你当初在培养他们的时候，没有注意挑选品德好的加以培养，才落得今天这个结果。比方说，如果栽培的是桃李，那么，除了夏天你可以在它的树荫下乘凉休息外，秋天还可以收获那鲜美的果实；如果你种下的是蒺藜呢，不仅夏天乘不了凉，到秋天你也只能收到扎手的刺。在我看来，你所栽种的，都是些蒺藜呀！所以你应记住这个教训，在培养人才之前就要对他们进行选择，否则等到培养完了再去选择，就已经晚了。"

听完赵简子的一番话，阳虎连忙点头称是。

小故事大道理

真正的美德就像河流一样，越深越无声。授人玫瑰，手有余香。人应该拥有高尚的品德，生活的点滴都要真诚相待。当你帮助别人的时候，别人的内心一定在感激着你。社会庞大，人员杂乱，所以在选择朋友的时候要仔细斟酌，益友可交，损友务必远离。

感恩奉孝

◇崔逾瑜

[父母在,不远游,游必有方。
　　　　　　　　——孔子]

她叫刘芳艳,是一名大学生。谁能想到,这样一个个头不高、面容清秀的女孩,背着盲母上大学,用自己稚嫩单薄的双肩把一个破碎的家撑起,为年迈失明的母亲撑起一片晴空!

小芳艳出生于北方一个贫困的小山村。那里是名副其实的黄土高坡,恶劣的环境锻造了芳艳坚强的性格,可每当说起父亲,她总止不住泪水涟涟。十四岁那年,芳艳的父亲患上食道癌,给这个一贫如洗的家一道晴天霹雳。双目失明的母亲整日以泪洗面,老实憨厚的哥哥不知所措,年幼的芳艳感到前所未有的无助与绝望。

北方的冬天冷得可怕。那天下着大雪,气温降到零下十摄氏度,滴水成冰。芳艳顶着漫天飞舞的雪花,翻山越岭来到县政府。

这一天,是她上学以来第一次旷课。芳艳从没见过县长,但为了救父亲,她鼓足勇气敲响了县长办公室的门。可是,县长不在。中午,县长还没回来,芳艳从书包里掏出冰冷的馒头,慢慢啃着,

心里只有一个念头：要救父亲，我一定要等到县长！下午县政府下班了，县长还没来。芳艳急了，向人一打听，才知道县长办完事后直接回家了。

雪下得更大了，凛冽的北风刮在脸上如刀割一般，芳艳得到一个热心人的指点，踏着积雪，深一脚浅一脚走向县长的家。晚上九点，她敲开了县长家的门。或许是这个弱不禁风的小女孩的拳拳孝心感动了县长，他二话没说，资助了芳艳一千元钱。钱很快花光了，芳艳和哥哥只好含泪把父亲从医院接回家。看着父亲食不下咽、骨瘦如柴的样子，芳艳知道，父亲的日子不多了。她揣着借来的二百元钱，请人给父亲做了口棺材。看到棺材，父亲的眼泪汹涌而出："娃，我死了，用两块木板一夹就行了，你们留点钱过日子！"芳艳哭着抓住父亲的手说："爸，您没吃过一顿好饭，没穿过一件新衣，连住的房子也破破烂烂。女儿治不好您的病，只能把这个做厚实点，就不会再淋雨挨冻了。"

几个月后，父亲带着无限的牵挂，撒手人寰。父亲去世后，生活的重担压到了芳艳和哥哥身上。几年后，芳艳历经千难万苦，如愿考取了外地的一所大学。就在这一年，哥哥外出打工，同家人失去了联系。在千里之外求学的芳艳，放心不下家中年迈失明的母亲：妈妈烧火做饭时有没有烫着？山路坎坷，会不会摔着？摸不到回家的路，是不是又在外忍饿挨冻……一天，芳艳从邻居的电话中得知，母亲上山拾柴时，摔得浑身是伤。放下电话，芳艳再也控制不住，号啕大哭起来。"我已经失去父亲了，再也不能失去母亲了。"辗转了一夜，芳艳做出一个艰难的决定：休学。

从此，芳艳背着行囊，牵着母亲，闯荡到某个城市，靠打工维持生计。在打工的日子里，芳艳一边悉心照顾母亲，一边省吃俭用

积攒学费。转眼间,一年过去了,芳艳挣够了学费,就带着母亲重返她日思夜想的大学校园。学校得知芳艳的经历后,十分感动,为她们母女提供了住宿的地方,每月发给她生活费,并为她安排了两份勤工俭学的工作。每天傍晚,是芳艳和妈妈最快乐的时光。妈妈听着芳艳洗衣服、整理房间;芳艳读书读报给妈妈听,或讲讲学校里发生的趣闻趣事。有时,母女俩手牵着手,在校园里散步、晒太阳……母亲的牙齿掉光了,芳艳毫不犹豫地拿出攒下的钱,为母亲装上一副假牙。从医院出来,芳艳买来一个苹果,递到母亲嘴边。母亲慢慢咀嚼着苹果,开心地笑了。

母亲对芳艳怀着深深的愧疚，芳艳看出妈妈的心思，安慰道："妈，您看看别人，上大学都难得见到妈妈，我天天可以看见您，比他们好多了！再说，您是我妈，孝顺您是天经地义的，我就乐意做您的'眼睛'和'拐杖'！"芳艳依偎着妈妈，脸上充满幸福。孝无声，爱无休。芳艳背负的不仅仅是年迈的亲娘，而是一座感恩的大山，是恪守人伦的孝道。

小故事大道理

从呱呱坠地到长大懂事，父母为我们操劳半生；省吃俭用只为了孩子能够吃饱穿好，每日早出晚归尽心尽力维持这个家。懂得感恩就像为自己插上一双翅膀，在人生道路上会飞得更高。孝顺父母在于生活中的每一个细节。

尼泊尔的啤酒

◇吉田直哉

[与朋友交，言而有信。]
　　——《论语·学而》

　　那年夏天，为了摄影，我在喜马拉雅山麓一个叫多拉卡的村庄待了十多天。在这个家家户户散布在海拔1500米斜坡上的村庄，现代化的设备极其少见。这个村庄虽有4500人，却没有一条能与别的村落往来的车道。不用说汽车，就是有轮子的普通交通工具也用不上。只能靠步行崎岖不平的山路，到处都被山涧急流截成一段一段的。由于手推车都不能用，村民们只能在体力允许的范围内背着东西行走。每当我惊奇于草垛何以会移动时，定睛一看，下面有一双双小脚在走路。原来是孩童背着堆得高高的当燃料用的玉米秸。

　　以前在日本，去村庄的公有山林砍柴时，禁止用马车拉柴，只允许背多少砍多少。当时人们认为背多少砍多少就能得到天神的原谅。时代不同了，可正因为没有车道，多拉卡村的人们至今过着一种既能保护环境又能"被天神原谅"的生活。这里的村民们完全知道他们的生活无法和世界上其他地方相比。因此，他们是以一种苦楚的心情，在这个被外来人看作世外桃源的地方过日子。年轻人、小孩子尤其渴望离开村子去有电有车的城市。这是理所当然的。就是外来的人，也为不能驾车深感不便，每时每刻都是全副武装地登山。从汽车的终点站到村庄，我们竟雇了15个人搬运器材和食品，多余的东西不得不放弃。

首先放弃的就是啤酒，啤酒比什么都重。想过酒瘾，威士忌更有效果。我们4人带了6瓶，每人一瓶半，估计能喝10天。

然而威士忌和啤酒，其作用是不同的。当汗淋淋地结束了一天的拍摄工作，面对眼前流淌着的清冽的小河时，我情不自禁地说："啊，如果把啤酒在这河水中冰镇一下的话，该有多好喝呀！"这时村里的少年切特里问翻译："刚才那人说了什么？"当他弄清我的意思时，两眼放光地说："要啤酒的话，我去给你们买来。"

"去什么地方买？"

"恰里科特。"

恰里科特是我们丢了车子雇人的那个山岭，即使是大人也要走一个半小时。

"是不是太远了？"

"没问题。天黑之前回来。"

他劲头十足地要去，我就把小帆布包和钱交给了他："那么，辛苦你了，可以的话买4瓶来。"

切特里兴高采烈地跑了出去，到8点左右背了5瓶啤酒回来。

大家兴奋地鼓掌庆祝。第二天午后，来摄影现场看热闹的切特里问道："今天不要啤酒吗？""要当然是要的，只是你太辛苦了。"

"没问题。今天是星期六，已经放学了，明天也休息，我给你

买许多'星'牌啤酒。""星"牌啤酒是尼泊尔当地的啤酒。

我一高兴,给了他一个更大的帆布包和能买一打啤酒以上的钱。切特里更起劲了,蹦蹦跳跳地跑了出去。可是到了晚上他还没回来。临近午夜还是没有消息。我向村民打听会不会出事了,他们异口同声地说:"你给了他那么多钱,他肯定是跑了。有那么一笔钱,就是到首都加德满都没问题。"

15岁的切特里是越过一座山从一个更小的村子来到这里的,平时就寄住在这里,方便上学。他的土屋里放一张床,铺上只有一张席子。因为我拍摄过他住的地方,所以对他的情况是了解的。在那间土屋里,切特里每天吃着自己做的咖喱饭,发奋学习。咖喱是他把两种香料和辣椒放在一起,夹在石头里磨碎,和蔬菜一起煮出来的。土屋里很暗,白天在家学习也得点着油灯。我后悔不已,稀里糊涂地把一笔巨款交给一个孩子,吃了亏不说,还误了他的前程。然而我想也许还是出了事故吧。但愿别发生他们说的事。这样坐立不安地过了三天,到了第三天深夜,有人猛敲我的门。打开门一看,哎呀,切特里站在外面。他浑身泥浆,衣服弄得皱皱巴巴的。他说由于恰里科特只有4瓶啤酒,他就爬了四座山到了另一个

山岭。他一共买了10瓶,路上跌倒打碎了3瓶。他哭着拿出所有的玻璃碎片给我看,并拿出了找回的零钱。我抱住他的肩膀哭了。

小故事大道理

诚实守信犹如一颗青涩的果,你咬一口,虽然很苦,却回味无穷,倘若你将它丢弃,便会终身遗憾!诚实守信也像人生航船的桨,控制着人生的去向。诚实守信是人生路途中的第一守则,努力去做一个具有良好品格的人吧。

韩信的承诺

◇佚名

> 言必信，行必果。
> ——《论语·子路》

秦朝末年，有个叱咤风云的人物，他便是帮助汉高祖打下天下的大将韩信。

韩信是淮阴人，少年时丧父，家境贫穷，他既不会种田做买卖，又不能去当官，只能过着游荡的生活。为了填饱肚子，不得不经常借故到别人家里去吃饭。他的母亲不久后也去世了。

母亲死后，韩信更是游手好闲，四处游荡。有个亭长与他有过往来，他便常常到这个亭长家里去吃饭。亭长的妻子见他常来白吃很不高兴。

有一次她故意一清早便烧好了饭，早早就吃完了，韩信来了好长时间也不见亭长家吃饭，知道人家不愿留自己吃饭，就愤然离去，发誓再也不去亭长家了。

他时常饿肚子，为了能填饱肚子，他常常到淮阴城下的河边去钓鱼。河边有几个老婆婆常在那里洗衣服，日子久了，其中一个看韩信落魄无聊，很同情他。一次家人送来午饭，她分一点给韩信吃，韩信饥不择食，狼吞虎咽地吃了起来。从此，那洗衣婆每次都把饭分给韩信吃。

一次，韩信吃过饭后，向洗衣婆深深施了一礼，激动地说："承蒙老大娘这般厚待，我永生难忘，将来我得了志，会报答您老人家的！"

洗衣婆听了，责怪韩信说："男子汉大丈夫说这种话干什么！我看你相貌堂堂，好一个王孙公子，不忍你挨饿，才给你吃点饭，哪里想到要你报答！"说罢，拿了洗好的衣服离去。

望着老婆婆的背影，韩信暗下决心，有朝一日发迹了，一定要实现今天的诺言，重重报答这位老人家。

后来，韩信替汉王立了不少功劳，被封为楚王。他想起从前曾受过洗衣婆的恩惠，便命人把她从淮阴请来，当面向她致谢，并赠给她黄金一千两以答谢她。

小故事大道理

俗话说："滴水之恩，当涌泉相报。"落叶在空中盘旋，谱写着一曲动人的乐章，那是大树对滋养它的大地的感恩；白云在蔚蓝的天空中飘荡，绘制成一幅感人的画面，那是白云对哺育它的蓝天的感恩。为人应该拥有一颗感恩的心，懂得知恩图报的道理。

高贵的秘密 ◇李雪峰

[天时不如地利，地利不如人和。
　　　　——《孟子·公孙丑下》]

　　一个精明的荷兰花草商人，千里迢迢从遥远的非洲引进了一种名贵的花卉，种植在自己的花圃里，准备到时候卖个好价钱。对这种名贵的花卉，商人爱护备至，许多亲朋好友向他索要，一向慷慨大方的他却连一粒种子也不给。他计划将这种花培育三年，等拥有上万株后再开始出售和馈赠。

　　第一年春天，他的花开了，花圃里万紫千红，那种名贵的花开得尤其漂亮，就像一缕缕明媚的阳光。第二年春天，他的这种名贵的花已繁育出了五六千株，但他和朋友们发现，今年的花没有去年开得好，花朵比去年要小，还有一点点的杂色。到了第三年的春天，他的名贵的花已经繁育出了上万株，但是令这位商人沮丧的是，那些花的花朵已经变得更小，花色也同其他的花大同小异，完全失去了它在非洲时的那种雍容和高贵。当然，他也没能靠这些花赚上一大笔钱。难道这些花退化了吗？可非洲人年年种植这种花，

而且是大面积地种植，并没有见过这种花会退化呀！商人百思不得其解，便去请教一位植物学家。植物学家拄着拐杖来到他的花圃看了看，问他："你这花圃的隔壁是什么？"他说："是别人的花圃。"植物学家又问他："他们种植的也是这种花吗？"商人摇摇头说："这种花除了我这里，在荷兰甚至整个欧洲也没有人种植，他们的花圃里都是些郁金香、玫瑰、金盏菊之类的普通花卉。"植物学家沉吟了半晌说："我知道你这名贵之花不再名贵的致命秘密了。"植物学家接着说："尽管你的花圃里种满了这种名贵的花，但和你的花圃毗邻的花圃却种植着其他花卉，你的这种花被风传授

了花粉后，又染上了毗邻花圃里的其他品种的花粉，所以这种花一年不如一年，越来越不雍容华贵了。"商人问植物学家该怎么办，植物学家说："谁能阻挡住风传授花粉呢？要想使你的花不失本色，只有一种办法，那就是让你邻居的花圃里也种上这种花。"

　　于是商人把自己的花种分给了邻居。第二年春天，商人和邻居的花圃成了这种名贵之花的海洋——花朵硕大，花色典雅，朵朵流光溢彩，雍容华贵。这些花一上市，便被抢购一空，商人和他的邻居因此发了大财。

　　近朱者赤，近墨者黑。高贵也是这样，没有一种高贵可以遗世独立。要想保持自己的高贵，就必须拥有高贵的"邻居"；要想拥有一片高贵的花的海洋，就必须与人分享美丽，同大家共同培植美丽。只有这样，我们才能保持自身的纯洁和华贵。

小故事大道理

　　单丝不成线，独木不成林，人们团结在一起可以做出单独一个人所不能做出的事业。高贵也是一样，在每一个角落洒下高贵的种子，需要大家一起分享，一同改变。

不铺张的好爷爷
◇黄正卓

> 俭节则昌,淫逸则亡。
> ——《墨子·辞过》

爷爷走了,在即将春暖花开的日子里走的,带着遗憾和无比的眷恋。而我,不仅失去了一个无时无刻不给予我关爱的亲人,更失去了一个教会我很多道理的挚友。从我记事起,爷爷就特别疼爱我。当我提出奇怪而幼稚的问题时,爷爷总是微笑着给我解答。

知道我爱看书,他便"疯狂"地买了许多书,并把珍爱的《毛主席诗词》给了我。他还常常教育我:"一定要好好学习,不能只比吃穿,要成为栋梁之材。"

一次我乘车去爷爷家,下车之后,我慢慢走着,低头看着自己的鞋:皮鞋补得已经不成样子了,脚后跟破了几道口子,每天风都从这道口子往里钻。这时,我心里突然冒出一个念头:叫爷爷给我买一双鞋。反正爷爷这么喜欢我,不会不答应我的,想到这里,我心里乐滋滋的。

不知不觉已到了爷爷家门口,我还没进门就听见奶奶在说:

"穿了吧,这衣服挺合身的,又便宜。"我赶紧跑了进去,这时爷爷正在试一件名牌西装。

"啊!太帅了!爷爷看上去年轻了几十岁呢。爷爷在哪儿买的这件衣服,真酷啊!"我大叫道。

爷爷边看镜子边说:"哪儿是我买的?是你婶婶托人带过来的,不合适,拿来让我试试。""那你就买下吧,反正你也没有好衣服。""傻孩子,爷爷有的是衣服,不想要。"爷爷边说边把衣服脱了下来,叫奶奶叠好。我非常了解爷爷的性格,因为家里的条件不是太好,他老是穿着一件蓝色的大棉衣,也一直说:"不要讲究穿戴,不要一直攀比……"细想想,快几十年了,他还没给自己添置一件衣服,八十岁大寿那天,他还是穿着那件大棉衣。想到这里,我想买鞋的念头彻底打消了,路上准备的那些话也烟消云散了。

现在想起来真可笑,我当时怎么那么不懂事呢?但是我把爷爷的话深深地记在了心里:好好学习,不要铺张浪费,不要讲究穿戴,长大后才能成为国家栋梁!

小故事大道理

如今人们生活渐渐富足,但节俭的心却不能被磨灭。由俭入奢易,由奢入俭难。这是古人便知道的道理。灯红酒绿下要时刻警示自己,一粥一饭,当思来之不易;半丝半缕,恒念物力维艰。

不悔的选择 ◇佚名

> 慈孝之心，人皆有之。
> ——苏辙

  他本是一名公务员，每月的工资足够他过上舒适的生活。妻子漂亮贤惠，儿子健康活泼，一家三口的日子过得很是舒心。突然有一天，他得到一个不幸的消息：老家的母亲生了重病，成了"植物人"。得知这个消息，他毅然辞职，带着妻子和儿子回家侍奉母亲。这一回就是十一年。十一年来，他除了在家就是去医院，从没有离开过母亲。在他的精心照料下，瘫痪失忆的母亲一次次从死亡线上挣扎回来。

  每当有人同他谈起过去的艰辛时，已近中年的他都会说："如果母亲有个三长两短，我不知道自己有没有勇气再活下去……"当时母亲的病情很严重，医院下了三次病危通知书，但每一次他都恳求医生尽全力抢救。也许是赤子之心感动了上苍，母亲每一次都从危难中恢复过来。由于母亲大小便失禁，他每天都要洗几十块尿布，还坚持每天给母亲洗澡、喂饭，每天下来，他都累得腰酸背痛。辞去了原来的工作，家里没有了固定的收入，只能靠救济金和打零工挣的钱维持生活。为了省下治病的钱，他想方设法减少开支，不但学会了缝补衣服，就连给母亲打针也不用找医生了。妻子被他的孝心所打动，全力支持他，从没说过半个"苦"字。儿子也仿佛懂事了很多，不再像以前那样要这要那了。

日复一日，他用一片孝心温暖着病重的母亲，在经历了无数个艰辛的日子之后，失忆十余年的母亲终于有了好转。看着消瘦的儿子，母亲心疼不已，但更多的时候，她的脸上总是荡漾着灿烂的微笑。他知道母亲需要保持快乐的心境，就总是变着法子逗母亲开心，他有时会像个孩子似的做起鬼脸，逗得母亲开怀大笑。他知道自己必须做这些，因为他明白，只有这样，自己才会觉得温暖、踏实。

小故事大道理

百善孝为先。岁月更迭，昔日健壮的父母已变得年迈体弱。他们难过的时候希望能够得到一些安慰，生病时需要一个可以照料的人。我们爱父母要像他们爱我们一样，尽心尽力地赡养自己的父母双亲。

宽　恕　◇姜殿舟

> 不会宽容别人的人是不配受到别人宽容的。
> ——屠格涅夫

一个周五的早晨，格兰的礼品店依旧开业很早。格兰静静地坐在柜台后边，欣赏着礼品店里各式各样的礼品和鲜花。

忽然，礼品店的门被推开了，走进来一位年轻人。他的脸色显得很阴沉，双眼注视着店里的礼品和鲜花，最终将视线停留在一个精致的水晶龟上面。"先生，请问您想买这件礼品吗？"格兰亲切地问。可是，年轻人的眼光依旧很冰冷。"这件礼品多少钱？"年轻人问道。"50元。"格兰回答。年轻人听格兰说完后，伸手掏出50元钱甩在柜台上。格兰很奇怪，自从礼品店开业以来，她还从没遇到过这样豪爽、慷慨的买主呢！"先生，您想将这个礼品送给谁呢？"格兰试探性地问了一句。"送给我的新娘，我们明天就要结婚了。"年轻人依旧面色冰冷地回答着。格兰心里咯噔一下：什么？要送一只乌龟给自己的新娘，那岂不是给两个人的婚姻安上一颗定时炸弹？格兰沉重地想了一会儿，对年轻人说："先生，这件礼品一定要好好包装一下，才会给您的新娘带来更大的惊喜。可是今天这里没有礼品盒了，请您明天再来取好吗？我一定会在今天晚上为您赶制一个崭新的、漂亮的礼品盒。""谢谢你！"年轻人说完转身走了。

第二天清晨，年轻人早早地来到了礼品店，取走了格兰为他赶制的精致的礼品盒。年轻人匆匆地来到了结婚礼堂——新郎不是他，而是另外一个年轻人！年轻人快步跑到新娘跟前，双手将精致的礼品盒捧给新娘，而后转身迅速地跑回了自己的家中，焦急地等待着新娘的电话，准备接受她愤怒与责怪的言语。在等待中，他的泪水扑簌簌地流了下来，有些后悔自己不该这样做。

傍晚，刚刚结束婚礼的新娘给他打来了电话："谢谢你，谢谢你送我这么好的礼物，你终于能明白一切了，能原谅我了……"

　　电话那边的新娘高兴而感激地说着。年轻人十分疑惑，什么也没说，便挂断了电话。但他似乎又明白了什么，迅速地跑到了格兰的礼品店。推开门，他惊奇地发现，在礼品店的橱窗里依旧静静地躺着那只精致的水晶龟！

　　年轻人顿时明白了一切，静静地看着眼前的格兰。而格兰依旧坐在柜台后边，对着他微笑。年轻人冰冷的面孔在一瞬间变成了感激与尊敬："谢谢你，让我又找回了我自己。"

　　宽容是一种风度，一种美德。格兰只是将水晶龟这样一颗定时炸弹换成了一对代表幸福和快乐的鸳鸯，就在这短短的时间内改变了一个人冰冷的内心世界。给他人一点宽容，这将带给一个人重获新生的勇气，让他能直面人生中的每一幅画面。

小故事大道理

"唯宽可以容人，唯厚可以载物。"宽容犹如一把火，给孤单的人送去温暖。宽容也似一片海，任由帆船航行。生活中很多地方都需要宽容，不要吝啬给予宽容，宽容会让你感到生活更加美好，充满乐趣。

宽容的至高境界 ◇柯均

[唯宽可以容人，唯厚可以载物。
　　　　　　——薛瑄]

　　"二战"期间，一支部队在森林中与敌军相遇，激战后两名战士与部队失去了联系。这两名战士来自同一个小镇。他们在森林中艰难跋涉，互相鼓励、互相安慰。十多天过去了，二人仍未与部队联系上。这一天，他们打死了一只鹿，依靠鹿肉又艰难地度过了几天。也许是战争使动物四散奔逃或被杀光，这以后他们再也没看见过任何动物。他们仅剩下的一点鹿肉，背在年轻一点的战士身上。这一天，他们在森林中又一次与敌人相遇，经过再一次激战，他们巧妙地避开了敌人。就在二人以为脱离险境时，只听一声枪响，走在前面的年轻战士中了一枪——幸亏伤在肩膀上！后面的战士惶恐地跑了过来，他害怕得语无伦次，抱着战友的身体泪流不止，并赶快把自己的衬衣撕下包扎战友的伤口。晚上，未受伤的战士一直念叨着母亲的名字，两眼直勾勾地望着远方。他们都以为熬不过这一关了，尽管饥饿难忍，可他们谁都没动身边的鹿肉。天知道，他们

是怎么过的那一夜。第二天,部队救出了他们。

事隔三十年,那名受伤的年轻战士说:"我知道谁开的那一枪。他就是我的战友。当时在他抱住我时,我碰到他发热的枪管。我怎么也不明白,他为什么对我开枪?但当晚我就宽容了他。我知道他想独吞我身上的鹿肉,我也知道他想为了他的母亲而活下来。

"此后三十年,我假装根本不知道此事,也从不提及。战争太残酷了,他母亲还是没有等到他回去,我和他一起祭奠了老人家。那一天,他跪下来,请求我原谅他。我没让他说下去。我们又做了几十年的朋友,我宽容了他。"

一个人要能容忍他人的固执己见、自以为是,固然是很简单

的，但要容忍他人对自己的恶意诽谤和致命的伤害，却是很难的。但唯有以德报怨，把伤害留给自己，让世界少一些仇恨和不幸，回归温馨、仁慈、友善与祥和，才是宽容的至高境界。

小故事大道理

　　海纳百川，有容乃大；山高万仞，无欲则刚。泰山不拒土壤，故能成其大；河海不择细流，故能就其深；王者不却众庶，故能明其德。宽恕每一个敌人，包括伤害过你的人，做一个懂得容忍、心胸宽广的人吧。

托尔斯泰的宽容

◇佚名

> 忍所不能忍，容所不能容，惟识量过人者能之。
> ——程颐

　　托尔斯泰虽然很有名，又出身贵族，却喜欢和平民百姓待在一起，与他们交朋友，从不摆大作家的架子。

　　一次，他长途旅行时，路过一个小火车站。他想到车站上走走，便来到月台上。

　　这时，一列客车正要开动，汽笛已经拉响了。托尔斯泰正在月台上慢慢走着，忽然，一位女士从列车车窗冲他直喊："老头儿！老头儿！快替我到候车室把我的手提包取来，我忘记提过来了。"原来，这位女士见托尔斯泰衣着很简朴，上面还沾了不少尘土，便把他当成火车站的搬运工了。托尔斯泰急忙跑进候车室拿来提包，递给了这位女士。女士感激地说："谢谢啦！"随手递给托尔斯泰一枚硬币，"这是赏给你的。"托尔斯泰接过硬币，瞧了瞧，装进了口袋。

　　正巧，女士身边有个旅客认出了这个风尘仆仆的"搬运工"，

他目睹了眼前的一切,大声地对女士叫道:"太太,您知道您赏钱给了谁吗?他就是大名鼎鼎的作家列夫·托尔斯泰呀!"

"啊,老天爷呀!"女士惊呼起来,"我这是在干什么事呀!"她急切地向托尔斯泰解释道,"托尔斯泰先生!托尔斯泰先生!看在上帝的份儿上,请别计较!请把硬币还给我吧,我怎么会给您小费,多不好意思!我这是干出什么事来啦!""太太,您干吗这么激动?"托尔斯泰平静地说,"您又没做什么坏事!这个硬币是我用劳动挣来的,我想我得收下它。"

汽笛再次长鸣,列车缓缓开动,带走了那位惶恐不安的女士。托尔斯泰微笑着,目送列车远去,又继续他的旅行了。

小故事大道理

世界上最宽阔的是海洋,比海洋更宽阔的是天空,比天空更宽阔的是人的胸怀。托尔斯泰身为著名作家,却不在乎陌生人把自己当作搬运工,还帮人去取东西。他像平常人一样,乐于助人,宽容大度,他的人生充满精彩。

启功的宽大胸怀

◇佚名

[忍耐是痛苦的,但它的结果是甜蜜的。
——卢梭]

启功是中国当代著名教育家、古典文献学家、书画家、文物鉴定家、诗人、国学大师。在他成名之后,市面上经常有人模仿他的笔墨出售。

有一次,他和几个朋友走在大街上,路过一个专营名人字画的铺子,朋友对启功说:"不妨到里面看看有没有您的作品。"

启功也很好奇,就随大家一起走进了铺子,果然发现好几幅"启功"的字,字迹模仿得也很到家,连他的朋友都难以辨认,就问道:"启老,这是您写的吗?"

启功微微一笑,赞叹道:"比我写得好,比我写得好!"

众人一听,全都大笑起来。

正在说话之间,又有一人来铺里

问：“我有启功的真迹，有要的吗？”

启功说："拿来我看看。"

那人把字幅递给他。

这时，随启功一起来的人问卖字幅的人："你认识启功吗？"

那人很自信地说："当然认识，启功是我的老师。"

问者转问启功："启老，你有这个学生吗？"

这个造假的人一听，知道撞到枪口上了，刹那间陷于尴尬恐慌无地自容之境，哀求道："实在是因为生活所迫才出此下策，还望老先生高抬贵手。"

启功宽厚地笑道："既然是为生计所迫，仿就仿吧，可不能模仿我的笔迹写反动标语啊！"

那人低着头说："不敢！不敢！"说罢，一溜烟地跑了。同来的人说："启老，你怎么让他走了？"启功幽默地说："不让他走，还准备送人家上公安局啊？人家用我的名字，是看得起我，再者，他一定是生活困难缺钱，他要是找我借，我不是也得借给他吗？当年的文征明、唐寅等人，听说有人仿造他们的书画，不但不加辩驳，甚至还在赝品上题字，使穷朋友多卖几个钱。人家古人都那么大度，我何必那么小家子气呢？"

启老的襟怀与古人相比，可以说是有过之而无不及。

小故事大道理

宽容就是宰相肚里能撑船。在事不关己的时候，总有许多人将宽容挂在嘴边，炫耀自己多么大度。一旦他人侵犯到自己利益时态度则大相径庭，一个个剑拔弩张的，一副此仇不报非君子的样子。宽容应该是表里如一、发自内心的态度。

宽容的蜘蛛大婶

◇佚名

> 天称其高，以无不覆；地称其广，以无不载；日月称其明者，以无不照；江海称其大者，以无不容。
> ——曹植

蜘蛛大婶织了一张网，一只蜻蜓险些撞到网上。蜻蜓吓得心怦怦跳，忍不住骂道："是谁跑到这儿来捣鬼？害我差点当了它的点心？"

蜘蛛大婶织网也是为了捉害虫，一听这话，气得要命，好半天才说出来一句话："小蜻蜓，你当心别撞在我手里！"

第二天，那只蜻蜓又在抓蚊子了，竟真的撞在蜘蛛大婶的网上了！

"啊哈！"蜘蛛大婶欢喜地大叫一声，"原来是你呀！我正好饱饱地吃一顿！"蜻蜓拼命挣扎，却怎么都扯不断那些丝。看着蜻蜓着急的样子，蜘蛛大婶忽然有点儿可怜它了：这小伙子心地还是不错的，就是它的嘴太可恶了。可是，就算蜘蛛大婶想放蜻蜓离开，也要给自己一个台阶下呀，否则它多没面子！于是，蜘蛛大婶就和树干上的知了聊起天来。

"昨天,我的网上粘了一只蜜蜂,可机灵啦!"蜘蛛大婶笑着说,"它刚落到网上就挣扎着扯断了两根线,歇了一会儿,它又像原来那样扯断了几根,就这么三歇两歇的,居然给它逃跑啦……"

蜻蜓心里一动,暗想:我就是太着急了,应该学学那个聪明的蜜蜂……蜻蜓冷静下来,歇了一阵子之后,使足力气扑棱起来,好几根丝绳又让它扯断了。最后,按照蜘蛛大婶的方法,它还真的逃出了那张网!

下午,蜻蜓又飞回来了,它有些惭愧地对蜘蛛大婶说道:"谢谢您,蜘蛛大婶!"

小故事大道理

蜻蜓的不礼貌行为让蜘蛛大婶很生气。当蜻蜓真的坠到蛛网上时,蜘蛛大婶没有为解心头之恨吃掉它,而是故意透漏给蜻蜓逃脱的办法。宽容利己利人,宽容是解决事情最好的办法,宽容是一种高尚的品格。我们都需要有一颗宽容的心。

心胸宽广的韩琦

◇佚名

[宽宏精神是一切事物中最伟大的。
——欧文]

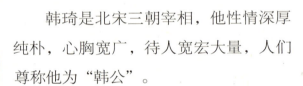

韩琦是北宋三朝宰相，他性情深厚纯朴，心胸宽广，待人宽宏大量，人们尊称他为"韩公"。

韩琦任元帅时，有大量的事情需要处理，经常要秉烛工作。一天夜里，韩琦写信，让一个士兵在一旁端蜡烛，士兵犯困，不小心让蜡烛烧到了韩琦的胡子。韩琦随手用袖子将火扑灭，继续写信。

不一会儿，韩琦抬头看那士兵，发现已经换人了。韩琦担心士兵的长官责骂那名士兵，就急忙叫道："不要换掉他，他现在已经懂得怎样端蜡烛了。"这件事成为军营中的

佳话。

韩琦家里收藏有两只玉杯，做工非常精巧，堪称"稀世之宝"，韩琦十分喜欢这两只玉杯，茶余饭后，常常拿出来细细赏玩。

一天，一位朋友到韩琦家来玩，说想观赏观赏玉杯，韩琦忙叫一个仆人把玉杯取来放在桌子上，朋友看着玉杯赞赏不已。

就在这时，仆人不小心碰了一下桌子，两只玉杯一下子掉在地上，摔得粉碎，在场的所有人都惊呆了。

仆人吓得跪倒在地上，捧着玉杯的碎片，泪如雨下。可是，韩琦并没有责备仆人，只是笑着对朋友说："凡是物品都有毁坏的时候，只可惜玉杯坏了，大家再也不能赏玩了。"

说罢，他转身扶起仆人，说："你只是偶然失手，并不是故意为之，我不会责怪你的。"

看到这一幕，所有的人都不由地对韩琦宽大的胸怀肃然起敬，朋友也激动地站起身，对韩琦抱拳说："韩公真是一个心胸宽广的人啊！"

小故事大道理

韩琦位居宰相却如此平易近人，面对士兵烧了自己的胡子、仆人打碎心爱的玉杯，却没有震怒，没有责怪，其胸怀之宽广不禁让人心生敬意。宽容别人的错误，给别人一个机会。善良宽容的人，人们都会对他发自肺腑地佩服。

宽容和肯定

◇佚名

> 无论什么时候，不管遇到什么情况，我绝不允许自己有一点点灰心丧气。
> ——爱迪生

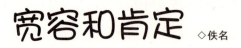

  这是个不大的小镇。中午的街道上空空的，没有几个人。树叶都打着卷，暗淡而又倦怠地耷拉着。偶尔有一阵风，也极微小极细弱，还没有感觉到，就消逝了。在这样热的天气里，不会有什么顾客上门来买东西，这家店铺的男人也有些困乏，忍不住趴在柜台上打起盹儿来。

  朦胧中，他被一阵声音惊醒过来。在靠门的地方，有一个年轻人正向店里漫无目的地张望着。他正要问些什么，年轻人突然又退了出去。他警惕地四下打量了一下自己的铺面，发现并没有什么异样。他正要趴在柜台上继续打盹的时候，年轻人又探头进来。

  "你要买点什么？"他不失时机地问。"我，我……"年轻人支支吾吾半天，也没说出什么话来。他觉得事情有些蹊跷，便仔细打量这个年轻人，除了满脸的疲惫和蓬乱的头发外，穿戴还算整齐。然而最显眼的，是他背后的那把古琴，颜色红红的，像一簇火焰在燃烧。

"你到底有什么事？"他说这句话的时候，故意让自己的语气变得温和些。"我，我是个学生。要参加明年的高考，考试之前，我想去市里的师范学校找个老师辅导辅导……"男人很机敏，一下子就听出年轻人的意思："那你是问路，问去市里的路吧？"

"不，不，我不是。"年轻人显得有些局促不安，"我家里过得很不好，父亲老早就去世了，母亲养我已经很吃力了，我想，我想为您弹奏一曲……"说完这些话，年轻人似乎用尽了所有的力量和勇气。

男人这才听出了年轻人的意思，他刚要说什么，突然帘子一撩，从里屋走出一个睡眼惺忪的女人："出去，出去，你们这号人我们见得多了。说白了，你们就是想要几个钱。我们这儿每天都有讨饭的，编个谎话，就想骗钱，没门。"女人嘴快，说话像连珠炮。年轻人变得更加局促不安，眼神中也藏着遮掩不住的慌乱。

男人似乎没有听到女人在说些什么，他起身把自己坐的凳子拿过来，轻轻地放下："孩子，坐下来，弹一曲吧。"然后他便静静地站立在一旁，极专注地看着年轻人。乐声响起的时候，偌大的店铺里，顿时像有股清泉汩汩流淌，又似一阵清风，在幽幽地吹拂，时而低沉，时而绵长，营造出一种高雅而曼妙的意境。一曲终了的时候，男人似乎被这乐声打动了。就在他走向那个放着钱的抽屉时，女人紧走几步过来，伏下身子，一把按在抽屉上，又开始数落起来，男人有些不耐烦了，说："我不相信他是个骗子，至少，他的琴声是纯洁的！"

几年后，一位在事业上颇有造诣的音乐教师，在大学课堂上为自己的学生讲起了这个故事。他说："当时，我在去那家店铺之

前，已经去了很多家，但无一例外，都被轰了出来，冷眼、嘲笑、甚至是谩骂，几乎使我丧失了继续找下去的勇气。人在这个时候，往往容易走极端。其实，不瞒大家说……那个中午，我看到店铺里的那个男人睡着了，心里陡然升起了一种邪念——我想偷一笔钱，我当时甚至想，即使在这里不成功，我也要在下一个地方得到它。然而那个男人平和地接纳了我，他给了我钱，更重要的是，他的那句'至少，他的琴声是纯洁的'像一道耀眼的光芒，映照在我的心灵深处，荡涤着我内心的尘垢。就是这样一句刻骨铭心的话，把我

从危险的边缘拯救了回来。"

"是的。"他说,"一颗在困境中的心灵本已十分脆弱,这时,善良就是一双温暖的大手,而宽容和肯定就是天底下最和蔼最慈祥的力量,能把即将跌倒的生命拉起来,毕竟,没有一个灵魂自愿蒙尘,也没有一个生命自甘堕落。"

"所以,"他顿了顿说,"当在困境或苦难中的人们向我们伸出求救之手的时候,我们不要忘掉人性原本的光辉,而在这人性的光辉中,宽容和肯定,就是对寒冷而疲惫的心灵最温暖、最有尊严的爱抚。"

小故事大道理

宽容就像天上的细雨,滋润着大地,也落到每一个人干涸的心中。宽容别人的短处也是对自己心灵的呵护。境遇恶劣又怀揣梦想的人,需要我们一些关爱,献出一份爱,他们需要那种被爱的感觉,一句有力的肯定,可以助他们艰难地前行。人世间是需要温暖,需要善良的。

那天我真想放下教鞭

◇佚名

> 为把明天的工作做好，最好的准备是把今天的工作做好。
>
> ——哈伯德

今天件件事都晦气，教室里的30个一年级的学生在椅子上坐不定，整天不肯安静。阅读课令我失望，没有一点儿进步，实际上，是退步了。上午时分，校长把我叫去：原来我忘记交上一份重要的报告。想起来，仿佛是把它丢了。两节游艺课，运动场上灼热的风吹起许多沙子尘埃。下课前，我仅有的一双尼龙袜被钩破了。我实在忍无可忍了。

然而，晦气接踵而来。最后一堂的下课铃响时，只见琼斯太太哭哭啼啼地闯进课室，她的玛丽因生病已缺了40天课，所以成绩不好。我尽量捺住性子，婉言安慰她。

下午4点，我巴不得回家泡在浴缸里舒坦一下。但今天是区里一年级教师今年最后的一次集会。主讲人是从外地请来的一位著名教育家。她说，教育的新时代即将来临，我们必须本着专业精神做准备。过了5点，她的话还未讲完。她越说下去，我的专业精神越

消沉。她似乎说穿了我这位教师所有的缺点。散会后,我跑进杂货店,高价买了面包、牛乳和熟肉,奔回家。我有两个10岁的儿子,一个8岁的女儿,家里乱七八糟,我把买来的东西放在桌上让孩子们吃,自己拿了个苹果,钻进汽车,和丈夫急驶到50里外的安马里鲁去。

今晚我们又当学生了。我们每星期到安马里鲁听一堂课,教育局现在指定我们要进修硕士学位。我疲惫不堪,不想说话,倒在汽车里闭上眼睛,想着今天的经过,越想越气,不禁心生一念:干脆不教书了!世界上还有比教书更有意义的事。我可以写一本书、可以栽花灌园、可以做点别的事情。绝不教书了!

在安马里鲁的班上,我懒洋洋地倒在座位上,连讲师说什么都没有去听。何必听?我不教书了。讲师滔滔不绝地讲下去。15分钟的休息时间终于到来。邻座一个熟识的妇人欠身对我说:"前几天

我遇到一个钦佩你的人。"我笔直地坐起来，不再困倦了，心中思忖，是不是什么早已淡忘了的男朋友还在想我？我客气地轻轻说了一声"哦"，希望没露出好奇的神色。

我聚精会神地听她继续说下去："上星期我在公共汽车站等我儿子，看见一个墨西哥女人和她的小女孩。做母亲的不会说英语，我和那女孩聊起来。她说她们要到科罗拉多去。她父亲已经在那里。又说她在念二年级，还把她老师的名字告诉了我。接着，她从口袋里掏出一个旧皮夹子，抽出一张照片说：'我真爱这位老师。'我认出那是你的照片，十分诧异。照片已经褪色，破破烂烂的。我说我认识你，她便转告她妈，母女两人都很兴奋，仿佛要吻我的样子。"我听了，想起去年教过的拉丁美洲学生。我问："她是不是叫裘利亚？""不是？可能是阿达林娜？"妇人说："对，她叫阿达林娜。"

是阿达林娜，我真高兴。她父母刚从墨西哥到美国来，两人都不会说英语，但笑口常开，把他们的独生女视为掌上明珠。去年11月下旬，他们带阿达林娜到我的教室来。阿达林娜垂下头，神色慌慌张张，穿着整洁而浆得挺直的衣裳，不合身，显然是一个较大孩子的旧衣服。小个子，干干净净，很逗人喜欢。她跟同学很合得来。不久，她那慌张的神色消失了，总是笑眯眯的，喜悦的脸色，赢得班里每个人的友谊。她天资聪颖，过了几个月，便离开了学校。如今我常常挂念着她。我感谢那位相熟的妇人，很想告诉她，她的故事给我打了气。我当时说不出自己的感受，写下来比讲出来容易。也许有一天她会看到这篇文字，便会知道当时我想对她说的话了。

回程中，我静静思量，有了另一个决定："绝不放弃教书生

涯！"我又有信心，又起劲了。我要替我的阅读课另外想个办法，我要改变对琼斯太太的态度，上床之前一定要找到校长要的那份鬼报告。我教书，也许谈不上什么专业精神，但每天尽心工作，就是赏心悦事。

小故事大道理

现实中几乎没有任何一份工作是令人完全称心如意的，但是却从不缺少把事业做得十分完美的案例。如果你把工作当成一个负担，那么再刺眼的环境你也仍会感觉到黯淡。试着让自己接受现在不喜欢的工作，擅于发现它富有意义的地方，抹掉偏见，鼓起信心，踏踏实实地投入到工作之中。

三十五次紧急电话 ◇佚名

> 向着某一天终于要达到的那个终极目标迈步还不够，还要把每一步骤看成目标，使它作为步骤而起作用。
> ——歌德

　　美国一位新闻记者基太守陪丈夫从纽约到东京的公婆家做客。一天午后，基太守在东京奥达克余百货公司买了一台索尼牌唱机，作为送给长辈的纪念品。找寻柜台和两次填写售货单共花了七分钟时间，因为她在第一张售货单上的名字被营业员拼错了。等他们回到地处郊区的家里把箱子打开，拿出货品试用时，不禁大吃一惊，因为该机不能使用，经过检查，发觉唱机内没有零件，是一台空心唱机。基太守准备在第二天上午10点赶到公司进行交涉，但就在9点55分，公司却先打来了紧急电话。耳机里传来的是连珠炮似的一连串日本"敬语"，原来公司副经理要立刻送一台全新的唱机到她家里来。50分钟后，一辆汽车赶来了，从车厢里跳下来的是公司的副经理和一名年轻职员。来到客厅的入口处，他俩便俯首鞠躬，表示特来请罪。接着这个年轻职员一面行屈膝礼，一面把他的记录簿读给大家听。上面记载着公司怎样通宵达旦纠正错误的经过：昨

日下午4点32分售货员发觉这个错误后，立即报告警卫人员迅速找寻这位美国顾客。但为时已晚，警卫人员立即报告监理员，监理员再向监督员报告，接着又向副经理报告。经过讨论，大家认为只有一条线索可循，即这位顾客的名字和留下的一张"美国快递公司"的名片。考虑到她可能还留在东京，因此公司当晚连续打了32次紧急电话向东京和四周的旅馆询问消息，但是毫无结果。公司又派专员打长途电话向纽约"美国快递公司"总部打听。深夜接到回电，得知这位顾客在纽约的父母家中的电话号码，当晚公司再打电话前去联系。根据她母亲告知他们夫妇在东京公婆家的电话号码，因此今晨又打了第35次紧急电话，终于见到他们。这时年轻职员把一台全新的唱机送到他们手中，另外加送蛋糕一盒、毛巾一套和流行唱片一张。3分钟后，这两个精疲力竭的人才告辞而去。

不久副经理又急急忙忙赶回来向基太守说："我忘记向您道歉了，昨天麻烦您在售货单上重签名字，以致耗费了您的宝贵时间，希望您能宽恕。"

小故事大道理

一个唱片机引发了35个找寻电话，数十名人员熬夜工作，经理亲自登门道歉。奥达克余百货公司在危机面前十分冷静，决策果断，以最快的速度去解决问题。这不仅体现出该公司坚持顾客就是上帝的理念，更能彰显其应对与处理突发事件的高超能力，这是许多公司望尘莫及的。

一枚最有价值的硬币

◇鸣沙

> 不管发生什么事，都要冷静、沉着。
> ——狄更斯

石油大王洛克菲勒，是美国19世纪的三大富翁之一。他虽然拥有亿万家产，但平时花钱却十分节俭。有一天，洛克菲勒陪朋友到一家餐厅去用餐。在那家餐厅附近，他遇见一个年轻的乞丐。那个乞丐拉着小提琴，向路人乞讨。洛克菲勒一下子被那些美妙的声音吸引住了，他走过去聆听了一会儿。尔后，他满意地点了点头说："年轻人，你很有音乐天赋，不应该靠乞讨度日。"乞丐感觉面前的这个老人很面熟，好像在废弃的报纸上看到过。乞丐惊讶地问："你是？"洛克菲勒笑着说："洛克菲勒，一个靠搬运油桶谋生的老头。"乞丐顿时有种受宠若惊的感觉。洛克菲勒从衣兜里掏出一张纸币递给那个乞丐，不小心将一个一毛钱的硬币带了出来。

那个硬币在地上画了一个圈后，滚落在乞丐身后的排水沟里。洛克菲勒走过去，俯身将那个硬币捡起来，然后仔细擦去上面的灰尘。

那个乞丐诧异地问："洛克菲勒先生，如果我像你那样有钱的话，根本不会去在乎那一毛钱的。"洛克菲勒好像开玩笑似的说："也许这就是你至今仍在乞讨的原因吧。"就在洛克菲勒转身离开时，那个乞丐疾步追了过去，嗫嚅道："洛克菲勒先生，我想用你给我的这张钞票，换那一枚硬币。"洛克菲勒很高兴地与他交换了。

几年后，洛克菲勒应邀参加一个音乐演奏会。在演奏会结束时，一位年轻的小提琴家，急匆匆地赶到洛克菲勒面前，异常感激地说："洛克菲勒先生，你还记得那一枚硬币吗？"说着，他从贴胸的口袋里，摸出一枚闪亮的硬币。洛克菲勒也快乐地大笑起来说："迄今为止，这是我知道的一枚最有价值的硬币！"

小故事大道理

　　同是一瓶水，不同的人，看到的是两个决然不同的前景，于是，有的人富起来了，有的人穷下去了，有的人还是原地踏步。其实，即使是再平凡的人，他的内心深处也埋藏着巨大的潜能，财富可能就在我们的身边。如果你不懂得在平凡的生活中去发现它，挖掘它，那么你有可能一辈子都是个穷人。在洛克菲勒的提醒下乞丐如梦方醒，后来成为一个伟大的音乐家。

遇事冷静的楷模

◇佚名

[明者远见于未萌而智者避危于无形。
——司马迁]

约翰·汤姆森虽然并没有做出什么惊天动地的事业,却成为现代美国人心目中最重要的青少年楷模之一。

18岁的约翰·汤姆森是一位美国高中学生。他住在北达科他州的一个农场。1992年1月11日,他独自在父亲的农场里干活。当他在操作机器时,不慎在冰上滑倒了,他的衣袖绞在机器里,那只手臂也被机器切断了。

汤姆森忍着剧痛跑了400米来到一座房子里。他用牙齿打开门闩,爬到了电话机旁边,但是无法拨电话号码,于是,他用嘴咬住一支铅笔,一下一下地拨动,终于拨通了他表兄的电话,他表兄马上通知了附近有关部门。

明尼阿波利斯州的一所医院为汤姆森进行了断肢再植手术。他住了一个半月的医院,便回到北达科他州自己的家里。如今,他已能微微抬起手臂,并已经回到学校上课了。他的全家和朋友为他感

到自豪。

美国人为什么喜欢汤姆森呢?有的说,他聪明,用铅笔打电话,还会用嘴打开门。有的说,他喜欢干活儿,我们喜欢勤劳的人。还有的说,他身体真棒,一定曾努力锻炼身体,不然早没命了。

一位学者概括了这些人的回答:人们除了佩服他的勇气和忍耐力外,还有一种独立精神;他一个人在农场操作机器,出了事又顽强自救,所以他是好样的。

汤姆森的故事里还有这样一个细节:他把断臂伸在浴盆里,为了不让血白白流走。当救护人员赶到时,他被抬上担架。临行前,他冷静地告诉医生:"不要忘了把我的手带上。"

小故事大道理

我们在遇到事的时候,不管是大事还是小事,千万要做到理智、冷静、切不可感情用事,因为这样一定会乱了阵脚,本是轻而易举的事情,却越加复杂了。冷静是一种优秀的品质,它会为你的为人处世带来不可小觑的优势。

有远见的楚王

◇佚名

> 诚实比一切智谋更好，而且它是智谋的基本条件。
> ——康德

　　一次，楚庄王因为打了大胜仗，十分高兴，便在宫中大设晚宴，招待群臣，宫中一片热火朝天的景象。楚王也兴致高昂，叫出自己最宠爱的妃子许姬，轮流给群臣斟酒助兴。

　　忽然一阵大风吹进宫中，蜡烛被风吹灭，宫中立刻漆黑一片。黑暗中，有人扯住许姬的衣袖想要亲近她。许姬便顺手拔下那人的帽缨并赶快挣脱离开，然后许姬来到庄王身边告诉庄王说："有人想趁黑暗调戏我，我已拔下了他的帽缨，请大王快吩咐点灯，看谁没有帽缨就把他抓起来处置。"

　　庄王说："且慢！今天我请大家来喝酒，酒后失礼是常有的事，不宜怪罪。再说，众位将士为国效力，我怎么能为了显示你的贞洁而辱没我的将士呢？"说完，庄王不动声色地对众人喊道："各位，今天寡人请大家喝酒，大家一定要尽兴，请大家都把帽缨拔掉，不拔掉帽缨不足以尽欢！"

于是群臣都拔掉自己的帽缨，庄王再命人重又点亮蜡烛，宫中一片欢笑，众人尽欢而散。

三年后，晋国侵犯楚国，楚庄王亲自带兵迎战。交战中，庄王发现自己军中有一员将官，总是奋不顾身，冲杀在前，所向无敌。众将士也在他的影响和带动下，奋勇杀敌，斗志高昂。这次交战，晋军大败，楚军大胜回朝。

战后，楚庄王把那位将官找来，问他："寡人见你此次战斗奋勇异常，寡人平日好像并未对你有过什么特殊好处，你是为什么如此冒死奋战呢？"

那将官跪在庄王阶前，低着头回答说："三年前，臣在大王宫中酒后失礼，本该处死，可是大王不仅没有追究、问

罪，反而还设法保全臣的面子，臣深深感动，对大王的恩德牢记在心。从那时起，臣就时刻准备用自己的生命来报答大王的恩德。这次上战场，正是臣立功报恩的机会，所以臣才不惜生命，奋勇杀敌，就是战死疆场也在所不辞。大王，臣就是三年前那个被王妃拔掉帽缨的罪人啊！"

一番话使楚庄王和在场将士大受感动。楚庄王走下台阶将那位将官扶起，那位将官已是泣不成声。

小故事大道理

人无远虑，必有近忧。人生也和国际象棋一样，能聪明地预见的人才能获胜。眼前的利益也许十分诱人，可能是唾手可得的好处，但是我们依然要把手紧紧放在胸前，安然不动，看得长远才算是真正的智者。

第二辑
信任的力量

信任的力量到底有多大？也许，只是几句坦诚的话语，便能打开一扇紧闭的心门，改变一个人的人生。

信 任 ◇佚名

> 遵守诺言就像保卫你的荣誉一样。
> ——巴尔扎克

信任他人和被人信赖，是一个人宝贵的精神财富。

有一天，我在一个不太熟悉的城市开车。我到达一个路口想往右转，可是交通灯却亮着红色，于是我停了下来。我还不太清楚这个城市的交通法规，每逢在陌生的地方开车，我总是弄不清楚在这种情形下是否可以往右转。

这时有辆车在我后面停下，闪着右转的指示灯。我从后视镜里观望，正好和后面的司机四目相对。他用右手打了一个手势，然后点了两下头。

他用的不是什么标准的手势，但我完全明白他的意思。他绝没有暴躁的表示。他只是知道我无所适从，指示我可以往右转而已。

这并不是一件什么大不了的事情，但是令我感动。两个陌生人碰头，互相信任，然后又各走各的路。善意和信任是互相牵连的，我甚至认为人也许可以没有善意，但却不能不互相信任。我在里面工作了二十年的那幢大厦,现在有了守门员。无论谁进去都要出示证明。这种情形现在已越来越普遍。

我讨厌这种不信任的态度。这种态度无异假定人人都是坏人。在许多购物场所,你要将携带的购物袋暂时留下。你还没进去,他们就首先怀疑你是个小偷。

我知道确实有人顺手牵羊,可我不愿意去那些让你把袋子留下的店铺。我不信任他们。我不喜欢到那些以为我是去偷东西的商店里逛。

最近,我到一家五金店里挑选了一些螺栓。

"你要了几个螺栓?"柜台边的老板问我。

"二十个。"我说。

"二十乘三角三分,一共六元六角。"老板说。

他没有数那些螺栓,因为他信任我。我相信,他店里失窃的东西,要比那些让人把购物袋留下的店铺少。

小故事大道理

人与人之间最重要的是相互信任。信任是一件快乐的事,它架起了人与人交往的桥梁。人们之间多一分信任,就少一分隔阂。信任别人和被人信任都是一件非常幸福的事情,信任就像空气一样,我们都需要它。

一诺千金
◇孙艳军

> 走正直诚实的生活道路，必定会有一个问心无愧的归宿。
> ——高尔基

那年，我在乡下教书，工资很低。儿子刚满周岁，嗷嗷待哺时，却没有充足的母乳。我们没有办法，只好节衣缩食，给他买炼乳和奶粉，慢慢地儿子也习惯了。后来儿子喝过某种名牌奶粉后拉肚子，我对照原来的那些奶粉袋，发觉有些异样，这是不是假货呢？我写了一封长信，言辞激烈，寄给了远在北京的生产厂家。大约十多天后，意想不到的是，厂长带着主管销售的秦经理和另外几个人，专程从北京赶赴山东，鉴定了那袋奶粉，确认是假冒产品。

他们会同当地的工商部门打假，捣毁了一处生产伪劣奶粉的黑作坊。王厂长握着我的手说："孙老师，谢谢你写给我们的信，这封信感动了我们公司所有的领导。我们今天给孩子带来了一箱奶粉，表达我们的敬意。我在此郑重地告诉你，从今天起，你的孩子喝我们厂的奶粉，每年两箱，一律半价优惠，直到他考上大学！"那一刻，我激动得热泪盈眶。真是雪中送炭啊！从此以后，不论我在哪儿购买他们厂的奶粉，只要拨通厂里的电话，准能享受半价。每箱奶粉的市场价是二百多元，我们只用付一百多元，六年下来，一共节省了一千二百多元。今年我在县城打厂家的电话时，销售部的秦经理不在，是另一个人接的电话，我把享受半价的事情告诉他，他说不知道这事儿。我说："不信你可以问问王厂长。"他说："我们厂长姓张，不姓王。要不，我帮你问问张厂长吧。"过了一会儿，他打电话来说："张厂长也不知道给你半价优惠这回事。"我说："奇怪，六年来一直是这样，要不你帮我问问秦经理吧。"第二天，秦经理打来电话说："事情是这样的。王厂长在去你家的第二年就离开了我们厂。临走时他和接任的张厂长交代这件事，张厂长没有表态，王厂长就开始独自垫付奶粉的差价。"

"什么？这六年来，给我优惠的一千二百多块钱，都是王厂长自己承担的？"我急急地问。"是的，"秦经理说，"开始那两箱是厂家承担的，后来王厂长离开时，不让我告诉你。转眼已经六年了，我觉得应该让你知道事情的真相了。"我愕然道："厂家已经换了领导，这事也就算了，何必这样呢？""一诺千金吧！"秦经理淡淡地说。

小故事大道理

一言既出，驷马难追，这就是一诺千金。它是一种高尚的作风，一种朴素的实在，一种放心的牢靠。

主人在自己的心里

◇佚名

> 信用既是无形的力量，也是无形的财富。
> ——松下幸之助

南宋末年，天下大乱。当时，宋、金、蒙三国各占一方，混战不休。

老百姓为了逃避战火，纷纷离开故土，扶老携幼，四处逃难。

有一天，在金朝统治下的河阳县地界里，大道上走着一位十七八岁的青年。这青年的名字叫许衡，河南泌阳县人。他出生于农家，少年时期，就以聪明勤奋闻名。现在，他正要到泌阳县向一位老学者请教学问。

许衡一边走，一边望着路边荒芜的田野、破败无人的村庄，胸中涌出无限感慨。他想："如果战争再不停息，天下的百姓真是活不下去了。但愿我能辅佐一位英明的君主，统一天下，让老百姓重新安居乐业。"这样想着，他更加快了脚步，恨不能一步赶到那位老学者家中，把治国平天下的本领学到。

这时正是三伏天，炎炎烈日炙烤着大地，空中一丝风也没有。

许衡走得汗流浃背，口干舌燥，真想找个地方乘乘凉，喝上一肚子甘甜的泉水。

可这里刚刚经过战火，四周的人家跑得一干二净，哪里去找水喝呢？走着走着，他看到前面路边的大树下，有几个人正在那里乘凉。他急忙赶过去，希望能讨口水喝。走到近前，发现这几位是赶路的小商贩。一问，才知道他们身边带的水也喝光了，因为无处找水喝，正在那里唉声叹气。

许衡只好在他们身边坐下，准备歇口气再走。

商贩们问许衡是做什么的，许衡告诉他们自己是个求学的书生。一个商贩叹口气说："嗨，这兵荒马乱的年头，读书有什么用？要是学武，倒可能出人头地。"

许衡说："仗不会老这样打下去的，等战争停了，国家总是要有人来管理的。"

商贩们一齐笑道："看不出这小伙子倒挺有志气！"

这时，远处跑来一个人，怀里捧着什么东西，边跑边大声喊着。商贩们都站起身来张望，原来那人是一起赶路的商贩，刚才独自出去找水。等他跑近，大家才发现他怀里捧着的，竟然是几个黄灿灿的、水冷冷的大梨！

商贩们都欢呼起来，一齐跑过去抢梨吃。许衡也走上去问道："这梨是从哪里买到的？"

"买？"那个商贩哈哈大笑起来。"这地方的人都跑到山上避兵灾去了，连个人影都没有，哪里去买？"

"是啊，那你是从哪儿弄来这好东西的？"商贩们边吃边好奇地问。

"我到那边村子里转了转，想找个人家，把水葫芦灌满。可

是，别说是人，连个老鼠都找不着！水井也都被当兵的用土给填上了。我正在丧气，忽然看见一家院子的墙头上露出一枝梨树枝，上面结着几颗馋人的大梨。这下子，我乐得差点晕过去，可是跑过去一看，这家的院门都用石块给堵上了，墙头也挺高。我顾不上这许多，费了好大劲，才翻进院子里，摘了这些梨。那树上的梨还多得很，我们一起去多摘些，带着路上吃好不好？"

商贩们齐声说好，各自收拾东西，准备去摘梨，许衡插嘴问道："你说村里的井都被填上了吗？"

"可不是吗！当兵的看老百姓都跑光了，一气之下，走的时候，就把井都填了，你甭想找到水喝。"

许衡叹了口气，默默地转身走开了。商贩们奇怪地问道："小伙子，你不和我们一起去摘梨吗？"

许衡说："梨树的主人不在，怎么能随便去摘呢？"

商贩们又笑起来，说："你真是个书呆子！这兵荒马乱的日子，哪里还有什么主人呢？再说，那树的主人没准已经被打死了呢！"

许衡认真地答道："梨树虽然无主，难道我们自己的心里也无主吗？不是自己的东西，我是绝不会去拿的。"

说完，许衡背起行囊，挎上剑，向商贩们拱手道了声别，就转身上了路。后来，元朝统一天下后，因为许衡品格高、学问好，当上了元世祖忽必烈的大学士，成为元朝有名的开国大臣之一。

小故事大道理

"梨虽无主，我心有主"，这是一种准则、一种修养、一种境界、一种精神。一个人能够坚持自己的主见，不让欲望支配自己的大脑，排除外界的干扰和诱惑，不被名利所困，不随波逐流，坚守精神家园，自然能够成就一番事业。

信用的缺憾无法补偿

◇佚名

[坦白是诚实和勇敢的产物。
　　　　——马克·吐温]

十二年前，有一个小伙子高中刚毕业就去了法国，开始了半工半读的留学生活。

渐渐地，他发现当地的车站几乎都是开放式的，不设检票口，也没有检票员，甚至连随机性的抽查都非常少。凭着自己的聪明劲，他精确地估算了这样一个概率——逃票而被查到的比例大约仅为万分之三。他为自己的这个发现而沾沾自喜，从此之后，他便经常逃票上车。他还找到了一个宽慰自己的理由：自己还是个穷学生嘛，能省一点是一点。

四年过去了，名牌大学的金字招牌和优秀的学业成绩让他充满自信，他开始频频地进入巴黎一些跨国公司的大门，踌躇满志地推销自己。然而，结局却是他始料未及的：这些公司都是先对他热情有加，然而数日之后，却又都是婉言相拒。真是莫名其妙。

最后，他写了一封措辞恳切的电子邮件，发送给了其中一家公

司的人力资源部经理,烦请他告知不予录用的理由。当天晚上,他就收到了对方的回复:

先生:

我们十分赏识您的才华,但我们调阅了您的信用记录后,非常遗憾地发现,您有两次乘车逃票受罚的记载。我们认为此事至少证明了两点:1.您不遵守规则;2.您不值得信任。鉴于以上原因,敝公司不敢冒昧地录用您,请见谅。

直到此时,他才如梦方醒,懊悔难当。

小故事大道理

信用是长时间积累出来的,它难得易失。也许你费十年工夫积累的信用,往往会因为一时一事而荡然无存。信用是人与人交往应该具有的最基本的道德素质。缺乏信用的人,尽管再怎样博学多才,也不会为人所重用。

诚实的拒绝

◇张翔

> 感谢命运，感谢人民，感谢思想，感谢一切我要感谢的人。
> ——鲁迅

前些天，一个建筑公司的朋友跟我谈起他刚刚失之交臂的生意时，扼腕叹息，颇感遗憾。

那是法国的一家服装公司，想到深圳来做一次展销会，需要搭建一个规模很大的舞台，于是找到他的公司。当然，这家法国公司同时也找了另一家德国独资的建筑公司，作为备选的合作对象。

策划文件出来之后，我的朋友准备与客户商谈。而在此之前，他早已悄悄摸清了德国建筑公司的工程计划，对方预计的完成时间是20天。我朋友估计了一下，这也正是完成这项工程必需的最短时间。

显然，这样他就不占有明显的优势了。于是，他就将原计划的搭建时间强行改成了16天，整整压缩了4天，这就意味着他将以超常的速度和强度去完成这个任务。即便如此，他还是认为在这场以效率著称的商业竞争中，自己已经胜券在握了。

然而，结果却令他大跌眼镜，因为客户居然选择了那家德国建筑公司，而且还给了对方整整25天的时间。他很诧异于这样一个结果，于是特意上门听取意见。对方解释说，他们在全世界的许多大都市都进行过同样的展销会，搭建的都是同样一个舞台，所有的经验和数据表明，搭建好这样的一个舞台至少需要20天。而朋友给出的16天计划显然不能给大家一个完美的结果，同样，他的不诚实也让公司缺失了足够的安全感。

朋友顿时恍然大悟，懊悔不已。他明白了，在这个竞争激烈的商业社会里，人们追求的不是单纯的速度，而是让人有足够安全感的诚恳态度。

这让我想起了另一个故事。在2000年，中国一家新成立的网络公司迎来了一个非常难得的大客户。他们的经理亲自接待了这个客户。对方拿着策划书，问那位刚刚开始创业的经理："请问这个项目要多久才能完成？"经理回答说："6个月。"客户脸上露出了为难的表情，接着问道："4个月行吗？我们给你增加50%的报酬。"经理不假思索地摇头拒绝："对不起，我们做不到。"

的确，按照当时的技术水平，4个月是很难圆满地完成这项任务

的，所以这位经理忍痛舍弃了唾手可得的巨大利益，诚实地拒绝了这桩大业务。结果，客户听后开怀大笑，马上在合同上签了字。

他对经理说："对于您诚实的拒绝，我感到非常满意，因为这说明您是一个诚实和稳重的人，而在您的领导下，产品的质量一定会有保证的。"

两年后，这个网络公司的经理一跃成为"中国十大创业新锐"，一年后又荣获了"IT十大风云人物"称号。而他的公司在短短的三年时间里，从一个小小的网络公司成为全球最大的中文搜索引擎公司。时至今日，这位经理的诚实和信誉始终没有改变，他叫李彦宏，而他开创的企业也早已家喻户晓，它的名字叫"百度"。

小故事大道理

人际关系中最重要的，莫过于真诚，而且是出自内心的真诚。真诚像是一把锋利的剑，可以披荆斩棘，开拓出一片光明的大道。真诚地对待别人，别人才会真诚地对待你，它要比一切的智谋更加好用，生活中处处需要这种良好的品质。

"多出"的五十元话费

◇大丰朱锋

> 人生应该如蜡烛一样，从顶燃到底，一直都是光明的。
> ——萧楚女

在我参加工作的第三年，为了工作方便，我花了半年的工资买了一部手机。我把电话号码告诉了学生们，以便他们的父母与我沟通。从那时起，我的手机总是频繁地响起："朱老师，我家孩子最近的学习情况怎么样？""朱老师，今天的作业中有道题比较难，能请教你吗？"这样的电话一天会有十几个，有时我也常主动和家长联系，于是每月不得不从那份微薄的工资中额外扣除不菲的电话费。

教师节前的一个星期天，我在查询手机话费余额时，突然发现多出了五十元，我纳闷了，最近没有充值啊，怎么会多出五十元的话费呢？我左思右想，也不明白是怎么回事。后来我安慰自己，也许是移动公司误充了五十元话费吧。

渐渐地这件事就被我忘却了。

过了几天，邮递员忽然把一张五十元的话费充值发票送到我的讲台上，我仔细一看，上面的手机号正是我的。细看充值时间，正

心灵中的契约

是教师节前的一个星期六。我顿时恍然大悟,那么多出的五十元话费并不是移动公司误充的,而是某位家长帮我充的。

我立即在班上进行调查,后来才知道,话费是徐子舒的母亲替我充上的。

我觉得这五十元话费不应该收,于是决定和徐子舒的母亲谈谈。放学后,我特意留下徐子舒,问她这五十元话费的来历。徐子舒只是低头笑着,默不作声。我料到一定是她请求母亲给我充的。我正准备好好和她谈谈时,她母亲走了进来,说道:"朱老师,是不是小舒在学校表现不好了?""哦,不是,事情是这样的……"

我把原因向她娓娓道来,并递上五十元,向她道谢。她说什么也不肯收,并向我解释道:她们母女本打算给我买件礼物,可是思来想去,不知买什么好,后来想到我经常用手机和家长们联系,花费不少,于是决定给我充五十元话费。这位母亲充满感慨地说道:"这五十元算不了什么,关键是让孩子明白做人的道理,学会感恩。"她一再要求我收下这份礼物,因为它表达了孩子的一片情意。

听完母亲的一席话,我一时不知说什么好了,泪水在我的眼眶中直打转。五十元钱的确算不了什么,但这份情义却非常深重。我决定收下这份礼物。不只是我的学生明白了做人的道理,我也从这件事中有所顿悟，每逢节日来临，我也会给敬爱的老师寄去一份礼物，表达对他们的谢意。

小故事大道理

老师像一个美丽的耕耘者，辛勤地播种知识，播种希望；又像甘甜的雨水，滋润着学生们的成长。夜深了，他们仍坚持备课、阅卷；每次学生考出可人的成绩，他们都会无比欣慰。这就是老师，我们辛勤的园丁。

他的名字叫原则

◇李树喜

> 失足,你可能马上复立;失信,你也许永难挽回。
> ——富兰克林

　　这位三十出头的年轻人名叫原则,坚持原则的原则。他个头适中,双眼明亮,即使现在蓬头垢面,你也不难想象他平日的风采。

　　一听见大火警报,他舍命似的向消防队跑,因为他是消防车司机,火情便是命令。浓烟大火剥夺了专门同它作斗争的消防车的作业条件,无处汲水,道路不通,四周是黑烟,四处是大火,四下是逃难奔突的人群。然而,原则的消防车仍在火海中奔突,给人们以鼓励与帮助,疏导着逃难的人群。消防车几度开过自家门口,老母、妻子出来了吗?现在在哪里?他只转身看了看那被烈焰吞噬的屋顶,脚便又踏向了油门。午夜火势稍缓,大风已停的时候,原则的消防车在西山脚下为梁老汉的房子喷水。天亮了,他没有想到回家,因为家已没了,原则仍在车上。第三天清晨,同事们来到消防队上班,各自述说找到家人的经过,"你也去找找看吧,"同事们提醒原则,"查一查家人现在在哪里。"

在解放军某部，原则找到了老母和女儿。妻子和刚满两个月的儿子呢？母亲只能述说分手时的情形。大火压城的时候，原则不在家。婆婆和媳妇商议应急的措施。其他事都不要紧，唯一要紧的是保护好60天的孩子，这孩子是因为姐姐大脑发育不全才取得出生资格的。小家伙长得白白胖胖，刚刚会向大人报以甜甜的微笑。

"你想办法找点奶粉来吧！"婆婆让儿媳为孙子准备吃的。儿媳买来奶粉，准备好奶瓶。大火进镇的时候，她背起孩子，口袋里还带上了钱、粮票、国库券，小包里是喂孩子的奶瓶。婆婆拉着孙女，儿媳背着男婴出了家门，解放军某部的营房没有起火，就向那里投奔吧，但那里有弹药库，随时有爆炸的危险，军人们正耐心劝导群众，让他们向西山和已着过火的地带疏散。慌乱之中，婆婆与

儿媳走失了，再也没能碰面……县城呈现出一片平静，镇里镇外都没有妻子的身影。第七日夜间有几百人乘车被疏散到东南方向100公里的林业局，就到那里去找吧，但是还是没有结果。"在一个地窖里，好像死了一个妇女和孩子。"有人提供了这样一条线索。原则飞跑过去，清开残砖断瓦。地窖的木盖早烧光了。一副蜷曲的尸骨背后是一个小小的炭团，那是女人和孩子的遗体。他扯出一块未烧着的布块，发现里面裹着钱币的灰烬，那个熟悉的奶瓶掉在地上，证明了这是原则的妻子和儿子！

原则欲哭无泪，欲喊无声，妻子、儿子一去不复返，身边只剩下老母和呆滞的女儿……

小故事大道理

即使是颗流星，也要在划过天际的刹那，把光亮留给世间。原则是一个大公无私的人，他将人民群众的利益放在首位，没有丝毫自私自利之心，在危难面前，他毅然选择了先大家后小家，他无私的精神深得人们的敬仰。

信任的力量
◇陈文海

> 你要记住，永远要愉快地多给别人，少从别人那里拿取。
> ——高尔基

　　他是一个杀人犯。为了逃避追捕，他躲到了一处深山里，帮人种植梨树。每一个惊恐寂寞的夜晚，他的灵魂都会受到痛苦的折磨。四年来，他没有一个朋友，没有一个可以听他说话的人。后来，他买了一台收音机，劳动之余，他把全部的时间都给了它。他很快便从电波里认识了她。她是一个晚间节目的主持人，她那邻家妹子般的亲切的话语，深深地震撼了他。他记下了她留给听众的手机号码。

　　一天黄昏，他经过激烈的思想斗争，终于给她留了言：我是个杀人犯，想去自首，你能陪我去吗？她的心一颤，一下子牢牢记住了这个陌生的手机号码。以后几天，他又连续发来了多条短信。从他的短信中，她逐渐知道了他的事：因为他的老婆背叛了他，他一怒之下杀死了他的情敌。

　　他自知罪责难逃，只身逃亡在外。

  好在他有一手很好的种植本领,为了不至于流浪,他靠给别人种植梨树维持生活,整天过着提心吊胆的日子。他说:"这样的日子我不想再过下去了,我想去自首,希望你能陪我去,好吗?"他终于不再仅仅满足于短信交流,而是开始给她打电话。她听到了一口浓重的陕西方言,他们之间的距离又一次拉近了。她说:"还是我给你打电话吧,长途电话费挺贵的。"他说:"我怎么能让你花电话费呢?你能听我说话,我已经感激不尽了。"

  她问他准备什么时候去自首。他说:"等梨树的第二拨虫药洒过之后就去。因为如果不治了这拨虫,梨树将没有收成,主人就会损失惨重的。"他激动地述说着,她听着,哽咽得说不出话来。

  一天早晨,她还没有起床,便接到了他的电话。这是他干了半天活儿后从果园里打来的。他说:"第二拨虫药已经洒过了,等不到第三拨治虫了。我已买好了去北京的车票,明天就能见到你了。"他显得无比兴奋,她也是特别的高兴。他们约好了在她电台门口的传达室见面。第二天上午,她和两位同事在传达室里见到了他。他穿着胶鞋,一身很旧的牛仔工作服,每个指甲缝里都残留着泥土屑,憨憨地笑着。他说:"我来了。很高兴你信任我,没有现在就带警察来抓我。"她把他带到附近的小吃店，给他要了两大碗馄饨。看着他狼吞虎咽地吃着，她的泪水不觉流了下来。吃完馄饨，警察来了。他把手一伸："来吧，我等这一天已经很久了。"

他的脸上无比坦然。他回过头来，又对她说了声："谢谢你！谢谢！"

这个故事是我从一档电视访谈节目里看到的。他叫袁炳涛，陕西人。她是中央人民广播电台《神州夜航》节目的主持人向菲。

在采访向菲的时候，我几次看到了她红红的眼圈里闪动着泪光。那是一种因被信任而感动的泪花。那一天，我也哭了。袁炳涛原本是个善良诚实的农民，是偶然的失足让他成了杀人犯。他以为自己的世界完全塌了，他已成了一个为所有人所不齿、所唾弃的罪人。他的心灵是孤独的、卑微的。可是当他听到了向菲的节目，听到了她真诚的话语后，他的心灵又开始复苏了。为了与她交流，他省吃俭用专门买来一部手机，她是他唯一的听众。他将自己的心扉毫无保留地对一个完全陌生的人敞开着。只因为，他信任她。信任，使他完成了从卑微堕落到迈向光明的关键一步。而她与他素不相识，却凭着电波里的声音，轻易地便击破了他心灵的防线。信任的力量到底有多大？也许，只是几句坦诚的话语，便能打开一扇紧闭的心门，改变一个人的人生。

小故事大道理

人生本来就是一场很长的旅途，路途中有各种情绪：欢乐、悲伤、兴奋、平静还有信任。信任像是一个连接你我的纽带，拉近大家的距离；信任像含羞欲滴的花朵，散发出的香味让人神迷。不要吝啬予人信任，也许他会因此感激你一生。

马戏团

◇佚名

> 世界上能为别人减轻负担的都不是庸庸碌碌之徒。
> ——狄更斯

　　一个人生命中最珍贵的那一部分，就是他那不为人知的、发自内心的爱心。

　　当我还是个少年的时候，父亲曾带着我排队买票看马戏。排了老半天，终于，在我们和票口之间只隔着一个家庭了。这个家庭让我印象深刻：他们有八个十二岁以下的小孩。他们穿着便宜的衣服，看起来虽然没有什么钱，但全身干干净净的，举止很乖巧。排队时，他们每两个人站成一排，手牵手跟在父母的身后。他们兴奋地唧唧喳喳地谈论着小丑和大象，今晚必是这些孩子们生活中最快乐的时刻了。他们的父母神气地站在一排人的最前端，母亲挽着父亲的手，看着他，好像在说："你真像个佩戴着光荣勋章的骑士。"而沐浴在骄傲中的他也微笑着，凝视着他的妻子，好像回答道："没错，我就是你说的那个样子。"

　　卖票女郎问做父亲的要多少张票，他神气地答道："请给我八张小孩的、两张大人的，我带全家看马戏。"售票员开出了价格。这时妻子扭过头，把脸垂得低低的。父亲的嘴唇颤抖了，他倾身向前，问道："你刚才说是多少钱？"售票员又报了一次价。

这人的钱显然不够。但他怎能转身告诉那八个兴致勃勃的小孩，他没有足够的钱带他们看马戏？我的父亲目睹了一切。他悄悄地把手伸进口袋，把一张二十元的钞票抽出来，让它掉在地上（事实上，我们一点儿也不富有）。他又蹲下来，捡起钞票，拍拍那人的肩膀，说道："对不起，先生，这是从你的口袋里掉出来的！"这人当然知道原因。他并没有乞求任何人伸出援手，但深深地感激有人在他绝望、心碎、困窘的时刻帮了忙。他直视着我父亲的眼睛，用双手握住我父亲的手，把那张二十元的钞票紧紧压在中间，他的嘴唇颤抖着，泪水滑落到他的脸颊，他答道："谢谢，谢谢您，先生，这对我和我的家庭意义重大。"

父亲和我回头跳上我们的车回家，那晚我并没有看马戏，但我们也并非徒劳而返。

小故事大道理

俗话说，"路见不平，拔刀相助"。当你目睹别人遇到困难的时候，是否会选择拔刀相助，助人一臂之力呢？一个人是否高尚不是用钱财多少与权势高低进行界定的，你拥有助人为乐、善良仁慈的心地，那么即使你衣衫褴褛，你也是一个高尚的人。

抱抱法官

◇佚名

> 人生的价值,并不是用时间,而是用深度去衡量的。
> ——列夫·托尔斯泰

李·夏普洛是个已经退休的法官,他天生极富爱心。他总是以爱为前提,因此他总是拥抱别人。他的大学同学给他取了个"抱抱法官"的绰号。他甚至在车子的保险杠上都写着:"别烦我!拥抱我!"大约六年前,他发明了所谓的"拥抱装备",外面写着:"一颗心换一个拥抱。"里面包含三十个可以贴在背后的刺绣小红心。他常带着"拥抱装备"挤到人群中,接着"给一个红心,换一个拥抱"。李因此声名大噪,有许多人邀请他到相关的大会上演讲。一次,在洛杉矶的会议中,地方小报的记者向他挑战:"拥抱参加会议的人,当然很容易,因为他们是自己选择参加的,但这在其他地方是行不通的。"

他们询问李是否能在洛杉矶街头拥抱路人。大批的电视工作人员,尾随李到街头进行探访。李首先向路过的妇女打招呼:"嗨!我是李·夏普洛,大家叫我'抱抱法官'。我是否可以用这些爱心和你换一个拥抱？"妇女欣然同意。地方新闻的评论员则觉得这太简单了。李看看四周，他看到一个交通女警，正在开罚单给一名司机。李从容不迫地走上前去。接着他说："你看起来好像需要一个拥抱，我是'抱抱法官'，可以免费奉送一个拥抱。"那女警接受了。那位电视台的时事评论员出了最后的难题："看，那边来了一辆公共汽车。众所周知，洛杉矶的公共汽车司机最难缠，爱发牢骚，脾气又坏。让我们看看你能从司机身上得到拥抱吗？"李接受了这项挑战。当公共汽车停靠到路旁时，李跟车上的司机攀谈："嗨！我是李法官，人家叫我'抱抱法官'。开车是一项压力很大的工作哦！我今天想拥抱一些人，好让人能卸下重担，再继续工作。你需不需要一个拥抱呢？"那位六尺二高、二百三十磅重的汽车司机离开座位，走下车子，高兴地说："好啊！"李拥抱他，给了他一颗红心，目送着车子离开。采访的工作人员个个无言以对。最后，那位评论员不得不承认，他服输了。

　　一天，李的朋友南西·詹斯顿来拜访他。她邀请李带着"拥抱装备"，一起去"残疾之家"，探望那里的朋友。他们到达之后，开始分发气球、帽子、红心，并且拥抱那里的病人。李觉得心里很难过，因为他从没拥抱过临终的病人、严重智障或四肢麻痹的人。一开始他觉得很勉强，但过了一会儿，李和南西得到了医生的鼓励，觉得容易多了。几个小时之后，他们来到了最后一个病房。

　　在那里，李看到了他一生中见过的情况最糟的三十四个病人，他们的任务是要将爱心分出去，于是李和南西便开始分送欢乐。此时整个房间挤满了医护人员，他们的领口全贴着小红心，头上还戴着可爱的气球帽。李来到最后一个病人李奥·纳德面前。李奥穿着一件白色围兜，神情呆滞地流着口水。李对南西说："我们别管

他！"南西回答："可是他也是我们的一分子啊！"接着她将气球帽放在李奥头上。李贴了一张小红心在他的围兜上，做了一个深呼吸，弯下腰拥抱李奥。突然间，李奥开始哈哈大笑。李回过头，只见所有的医生都喜极而泣，他问护士长这是怎么回事。

　　护士长的回答让李永远不会忘记："二十三年来，我们头一次看到李奥笑了。"

小故事大道理

　　拥抱不是简单的两个人身体的接触，它传递的温暖才是最扣人心弦的。它动之以情，给内心寒冷、寂寞的人送去犹如炭火般的温暖。一个淡淡的拥抱会让误解涣然冰释，一个淡淡的拥抱会让悲伤的心获得力气振作起来。拥抱亲人，拥抱同事，拥抱身边每一个渴望温暖的人吧。

第三辑
那一课叫敬业

是的,那刻骨铭心的一课就叫——敬业。只是在多年以后,许多同学才在懊悔和遗憾之余,将这堂课补上。

能给予就不贫穷 ◇马旭

> 一个人的价值，应该看他贡献什么，而不应当看他取得什么。
> ——爱因斯坦

教师节那天，一大群孩子争着给他送来了鲜花、卡片、千纸鹤……一张张小脸蛋洋溢着快乐，仿佛过节的不是老师，倒是他们。一张用硬纸做成的礼物很特别，硬纸板上画着一双鞋。看得出纸是自己剪的，周边很粗糙，鞋是自己画的，图形很不规则，上面歪歪扭扭地写着："老师，这双皮鞋送给你穿。"署名看得出是一个女孩写的。他把"鞋"认真地收起来，"礼轻情义重"啊！节日很快就过去了，一天，他在批改作文的时候，明白了这个女学生送他这双"鞋"的理由："别人都穿着皮鞋，老师穿的是布鞋，老师肯定很穷，我做了一双很漂亮的鞋子给他，不过这鞋不能穿，是画在纸上的。我没有钱，我有钱一定会买一双真皮鞋给老师穿的。"

这是一个不足十岁的小女孩的心愿，他的心为之一动。但是，她怎么知道穿布鞋的就是穷人呢？他想问问她。

这是一个很文静的女孩子，一双眼睛清澈得不含任何杂质。

当她站到他面前的时候,他似乎找到了答案。他看到了她正穿着一双布鞋,鞋的边缘裂开了。于是有了下面的对话:"爸爸在哪里上班?""爸爸在家,下岗了。""妈妈呢?""不知道……走了。"他再一次看了看她脚上的布鞋,然后从抽屉里拿出那双"鞋"来。这时他感受出这双鞋的分量。她问:"老师,你家里也穷吗?"他说:"老师家里不穷,你家里也不穷。""同学都说我家里穷。"她说。他说:"你家里不穷,你很富有,你知道关心别人,送了这么好的礼物给老师。老师很高兴,你高兴吗?"她笑了。

他带着她来到教室,他问大家,老师为什么穿布鞋呢?有的说好看,有的说透气,很奇怪,没有人说他穷……后来,这位老师告诉学生们,脚上穿着布鞋,心里却装着别人,这样的人是最富有的!只有富有的人才能给予别人,能给予就不贫穷。

小故事大道理

每一个高尚的人都懂得给予,给予不仅不会损失,相反能够得到别人的感激。河水懂得给予鱼儿们生存的空间,自己才变得五彩斑斓;天空懂得给予雄鹰展翅飞翔的地方,才让自己越发显得苍劲辽远。给予是一件幸福的、利己利人的事情。

绝对的奉献

◇佚名

> 不能爱哪行才干哪行，要干哪行爱哪行。
> ——丘吉尔

生命的意义在于付出，在于给予，而不是在于接受，也不是在于索取。

琳达·柏提希完全献出了她自己。琳达是个杰出的教师，在她28岁那年，她开始有严重的头痛现象。她的医生发现，她有个巨大的脑瘤。他们告诉她，手术后存活的机会只有2%。所以，他们没有立刻帮她开刀，先等6个月再说。

她知道她相当有艺术天赋，所以在这6个月中她狂热地画、狂热地写。她的画作也都被放在一流的艺术长廊中展售，除了某一幅以外。在6个月结束时，她动了手术。手术前一夜，她决定完全捐献自己。她签

了"我愿意"的声明。不幸的是，琳达的手术夺走了她的生命。结果，她的眼睛被送到马里兰州贝瑟丝达的眼角膜银行给南加州的一个领受者。于是一个年轻人，28岁，从黑暗中见到了光明。这个年轻人深深地感恩，写信给眼角膜银行致谢。进一步地，他说他要感谢捐献者的父母。孩子愿意捐出眼睛，他们也一定是好人。有人把柏提希家的住址告诉他，于是他决定去看他们。他来时并没有预先通知，按了门铃，自我介绍以后，柏提希太太过来拥抱他。她说："年轻人，如果你没什么地方要去，我丈夫和我会很高兴与你共度周末。"

他留了下来，当他环视琳达的房间时，他看见她读过了柏拉图，他曾用盲人点字法读过柏拉图；她读了黑格尔，他也用盲人点字法读过黑格尔。第二天早上，柏提希太太看着他说："你知道吗？我很确定我曾在哪儿见过你，但不知道是在哪里。"忽然间她记起来了。她跑上楼，拿出琳达最后画的那幅画。画中人和接受琳达眼睛的男人十分相似。然后，她的母亲念了琳达在她临终的床上写的最后一首诗。她写道：两颗心在黑暗中行过／坠入爱中／永远无法获得彼此的目光眷顾。

小故事大道理

埋在地下的树根使树枝产生果实，却并不要求什么报酬。"春蚕到死丝方尽，蜡炬成灰泪始干"是老师的奉献；"俯首甘为孺子牛"是父亲的奉献；"慈母手中线，游子身上衣"是母亲的奉献。人人都奉献一片爱心，那样世界便开满幸福的花朵。

敬业的故事 ◇佚名

[做对的事情比把事情做对更重要。
　　　　　　　　——佚名]

　　这个真实的故事发生在日本，故事的主角，是一名利用假期到东京帝国饭店打工的女大学生。这名女大学生在东京帝国饭店里分配到的工作是清洗厕所。当她第一次将手伸到马桶里刷洗时，差点当场呕吐。勉强撑过几日后，她觉得实在难以继续工作下去，遂决定辞职。但老清洁工却自豪地对她说，经她清理过的马桶，干净得连里面的水都可以喝下去！这个举动带给女大学生很大的启发，她了解到真正的敬业精神，就是不论什么性质的工作，都有更高的质量可以追寻；工作的意义和价值，不在其高低贵贱如何，而在于从事这份工作的人，能否把重点放在工作本身，去挖掘其中的乐趣和价值。此后，每当清洗马桶时，女大学生不再觉得辛苦，而是将其视为自我磨炼与提升的途径，每当清洗完马桶，她总是扪心自问：我可以从这里面舀一杯水喝下去吗？

　　假期结束，当经理验收考核成果时，女大学生在所有人面前，从自己清洗过的马桶里舀了一杯水喝下去！这个举动震惊了所有在场的人，饭店经理也认为这名工读生是不可多得的人才！毕业后，这名女大学生顺利地进入帝国饭店工作。凭着一股敬业的精神，她在三十七岁以前就已成为东京帝国饭店最出色的员工和晋升最快的人。三十七岁以后，她步入政坛，得到小泉首相的赏识，成为日本内阁邮政大臣！

这名女大学生的名字叫野田圣子。当她四十四岁的时候，被看作是极有潜力角逐首相职位的内阁大臣，每当她自我介绍时还总是说："我是最敬业的厕所清洁工和最忠于职守的内阁大臣！"

小故事大道理

对待工作，应当干哪行爱哪行，而不是爱哪行干哪行。对工作的态度是一个人责任心的体现，事无巨细都要认真去完成，才会得到他人的信任。

那一课叫敬业

◇崔修建

[当信用消失的时候，肉体就没有生命。
——大仲马]

所有的考试都结束了，校园里弥漫着浓浓的离别气息。再过十几天，同学们就要挥手作别，走出大学校园了。

这一天，辅导员通知同学们：《训诂学》这门学科的老教授要在周六给选修这门课的同学补一节课，因为他上次生病落下了。

同学们立刻议论纷纷：都什么时候了，大家考试都及格了，谁还有心情去补课？再说了，选修课少上一次课又有什么大不了的……周六，选修《训诂学》的三十多个学生，只有三个女生去了教室。其实，她们也并非是有意去给老教授捧场的，她们忘了补课的事，原本打算到安静的教室里聊聊天的。

老教授准时走进教室，看到只有三个女学生，他猛地一愣，俯身问明原因后，他微笑着环视了一下空旷的教室，清清嗓子，响亮地喊了一声"上课！"像往常面前坐着三十多个学生一样，老教授很自然地讲述着精心准备的教学内容。他讲得非常投入，甚至有些

忘情。不一会儿，他额头上开始有汗珠滑落下来。三个本来心不在焉的女生，先是惊讶于老教授依然工整的板书、热情的手势和对每一个细节的耐心讲解，继而，被他的那份从容和认真深深感动了，她们不约而同地坐直了身子，认真地聆听起来。课上到一半，老教授看起来有些吃力，三个女学生请求他赶紧回去休息。

老教授擦着满脸的汗水连连摇头，说自己还能坚持住。直到下课的铃声响起，他才如释重负地收拾好讲稿，慢慢走出教室。

十年后，那三个平时表现一般的女生，很快都脱颖而出，在事业上取得了卓越的成就。同学聚会时，面对大家羡慕和赞叹的目光，她们回忆起在大学讲堂里上的那一堂课。虽然她们已记不清讲课的内容，但老教授在病中的那份从容、那种投入，却深深地印在了她们的脑海里。正是那一堂课，使她们明白了"敬业"的真正含义。

是的，那刻骨铭心的一课就叫——敬业。只是在多年以后，许多同学才在懊悔和遗憾之余，将这堂课补上。

小故事大道理

敬业不是心血来潮一下子工作它三天三夜，而是在于日复一日、年复一年地坚持。敬业其实很简单，就是对自己的付出与回报，能够问心无愧。

商人收养的孤女

◇齐云

[善良的心地，就是黄金。
——莎士比亚]

三十年前，美国华盛顿一个商人的妻子，在一个冬天的晚上，不慎把一个皮包丢在了一家医院里。商人焦急万分，连夜去找。因为皮包内不仅有十万元美金，还有一份十分机密的文件。当商人赶到那家医院时，他一眼就看到，在清冷的医院走廊里，靠墙蹲着一个瘦弱的女孩，她冻得瑟瑟发抖，怀中紧紧抱着妻子丢的那个皮包。

原来，这个女孩叫希亚达，是来这家医院陪病重的母亲治病的。相依为命的母女俩家里很穷，已经变卖了所有能卖的东西，凑来的钱还是只够一个晚上的医药费，没有钱明天就得被赶出医院。

晚上，无能为力的希亚达在医院走廊里徘徊，她天真地祈求上帝保佑她碰到个好心人，救救她的妈妈。突然，一个从楼上下来的女人经过走廊时丢下了一个皮包，可能她太着急了，皮包掉了竟毫无知觉。当时走廊里只有希亚达一个人。她走过去捡起皮包，急忙追出门外，那位女士却上了一辆轿车，很快离去了。

希亚达回到病房，当她打开那个皮包时，母女俩都被里面众多的钞票惊呆了。那一刻，她们心里都明白，这笔钱足够她们的医药费。然而妈妈却让希亚达把皮包送回走廊去，等丢皮包的人回来取。妈妈说，丢钱的人一定很着急。人的一生最该做的就是帮助别人，急他人所急；最不该做的是贪图不义之财，见利忘义。

虽然商人尽了最大的努力，希亚达的妈妈还是抛下了孤苦伶仃的女儿。她们母女俩不仅帮商人挽回了十万美元的损失，更主要的是那份失而复得的机密文件，它使商人的生意如日中天，不久商人就成了富翁。被商人收养的希亚达，读完大学就协助养父料理商务。虽然富翁一直没授予她任何职务，但在长期的历练中，富翁的智慧和经验潜移默化地影响了她，使她成为一个成熟的生意人。

到富翁晚年时，他的很多决定都要征求希亚达的意见。

富翁临危之际，留下一份令人惊奇的遗嘱：在我认识希亚达母女之前，我就已经很有钱了。可当我站在贫病交加却拾金不昧的母女面前时，我发现她们最富有，因为她们恪守着至高无上的人生准则，这正是我作为商人所缺少的。我的钱几乎都是在尔虞我诈、明争暗斗的过程中得来的。是她们使我领悟到了人生最大的资本，那就是品行。我收养希亚达既不为知恩图报，也不是出于同情，而是聘请了一个做人的楷模。有她在我的身边，生意场上我会时刻铭记，哪些该做，哪些不该做，什么钱该赚，什么钱不该赚。这就是我的生意蒸蒸日上的根本原因，我成了亿万富翁。我死后，我的亿万资产全部留给希亚达继承。这不是馈赠，而是为了我的事业能更加辉煌昌盛。我深信，我聪明的儿子能够理解爸爸的良苦用心。

富翁在国外的儿子回来时，仔细看完父亲的遗嘱，立刻毫不犹

豫地在财产继承协议书上签了字：我同意希亚达继承父亲的全部资产，只请求希亚达能做我的夫人。希亚达看完富翁儿子的签字，略一沉吟，也提笔签了字：我接受先辈留下的全部财产——包括他的儿子。

小故事大道理

物欲横流的世界，如果你仍能坚守住你心中的防线，依旧诚实、善良，那么你一定会是大千世界中的佼佼者。诚实应该是人最美好的品格。没有一处遗产像诚实那样丰富，坚持以诚待人，才会得到真诚的回报。

一颗善良的心

◇佚名

> 诚实的人必须对自己守信,他的最后靠山就是真诚。
>
> ——爱默生

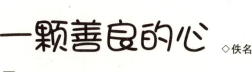

一次,鲁国国君孟孙带随从进山打猎,臣子秦西巴跟随左右。打猎途中,孟孙活捉了一只可爱的小鹿,他非常高兴,便下令让秦西巴先把小鹿送回宫中,以供日后玩赏。

秦西巴在回宫的路上,突然发现一只大鹿紧跟在后,不停地哀号。那只大鹿一号叫,这只小鹿便应和,那叫声十分凄惨。秦西巴明白了,这是一对母子,他觉得心中实在不忍,于是便把小鹿放在地上。那母鹿不顾秦西巴站在旁边对自己有什么危险,一下冲到小鹿身边,舔了舔小鹿的嘴,两只鹿便撒腿跑进林子里,眨眼就看不见了。

孟孙打猎归来,秦西巴对他说放走了小鹿,孟孙一下子火冒三丈,打猎回来的余兴一下子全没有了,他气得将秦西巴赶出了宫门。

过了一年,孟孙的儿子到了念书的年龄,孟孙要为儿子找一位好老师。

许多臣子都来向孟孙推荐老师，孟孙一一接见这些人，但他总觉得不是十分满意。正当孟孙闷闷不乐的时候，他突然想起了一年前被自己赶出宫去的秦西巴，心中豁然开朗，立即命人去寻找秦西巴，并把他请回宫来，拜他为太子老师。

左右臣下对孟孙的做法很不理解，他们问道："秦西巴当年自作主张，放走了大王所钟爱的鹿，他对您是有罪的，您现在反而请他来做太子的老师，这是为什么呢？"

孟孙笑了笑说："秦西巴不但学问好，更有一颗善良的心。他对一只小鹿都生怜悯之心，宁可自己获罪也不愿伤害动物的母子之情，现在请他做太子的老师，我可以放心了。"

秦巴西的善良之心，终于被国君理解。

小故事大道理

善良像是阳光，照在寒冷的人身上，暖到他们的心里。善良又像雨水，洒在干旱的沙漠上，湿润它的土壤。善良是一个世界通用的语言，无论盲人还是耳聋的人都能够理解和体会到。

善小亦为

◇戴文妍

> 天下之事，常成于勤俭而败于奢靡。
> ——陆游

平常的日子里，你我的生活，基本上是由芝麻绿豆、鸡毛蒜皮般的小事组成的，其中不乏小恶、小善。有人好恶小自以为然，有人鄙善小不以为意。其过程虽则不知不觉，其结果却有令人深思之处。几日前，在出租车上，驾驶员对我讲了一件事。那天上午，他去虹桥机场接生意，排了两个半小时的队，上来一位德国先生。驾驶员问："先生，去哪里？"先生答："去龙柏新村。"各位，我不是驾驶员，对距离没有感觉。但凡开出租车的，在虹桥机场听到龙柏新村，是要气得吐出血来的。此龙柏新村，乃是飞机场边上的一片公寓楼，一个拐弯，连起步费都用不了，便可到达。人家耗了两个半小时，就赚十元钱啊！德国先生小心翼翼地候着。驾驶员此番是有点窝火，心里将自己骂了一句："今天是我运道不好。"脸面上倒是不露声色，心里想着，这事与客人无关，生意再小也要做的。他将先生的行李放入后车座，请先生上车，一路送去。待到先生住地，驾驶员结完账，又关照一句："先生，东西不要忘记。"就到后车座，替先生将行李取出，说了句再会，便要离去。德国先生却欲言又止，欲去又留，驾驶员以为自己服务不周，便问："先生，有问题吗？"德国先生说："噢，不，你能等我一会儿吗？我还想用车。"

驾驶员就等了约十五分钟，德国先生匆匆奔出来，跳上车，对驾驶员说："我要去金山。"

各位，我们又要对距离问题上课了。此金山，在上海的最南面，从龙柏新村开过去，需要横跨大半个上海，这真是一桩美差呀。路上，驾驶员与先生聊天："在机场上车时，你为什么不说要去金山呢？"先生说："我在上海工作，一个月要进出机场数次，每次上车说去龙柏新村，即遭驾驶员的冷眼相待，有的还骂人——我能听懂上海话。今日坐你的车，受到礼遇，临时决定，将去金山办事提上日程，还坐你的车。"这真是：求之不可得，不求可自得呀！这一路开过去，微风徐徐，拂面而来，驾驶员的心情真是爽透了。到了金山的一家宾馆，德国先生临下车时，犹豫片刻道："你还能不能再等我？"驾驶员问："等多长时间？"先生说："一个多小时吧。"驾驶员说："好的。"先生走出两步又回头关照："请将计程器开着，车费算我的。"先生走了，驾驶员就将计程器关了，他认为，车子没跑，不能算人家的。大约两个小时左右，德国先生办完事出来了。先生面有歉意，请驾驶员将车子再开回龙柏新村。到了目的地，来回车程是400元，德国先生执意要付500元，等的两个小时，必须算他的。

这件事情的发展，真有点高潮迭起。三国时期，刘备曾对刘禅说："勿以恶小而为之，勿以善小而不为。"事隔千年，余味无

穷。生活中，有人看重做大的好事，不鸣则已，一鸣惊人。其实不然，能做好每一件小的好事，才是成就大的好事的铺垫呢！

小故事大道理

"勿以恶小而为之，勿以善小而不为"，不能因为坏的是小事就轻易去做，千里之堤，毁于蚁穴，小的事情积累起来也是后患无穷的。不能因为善良的事太小就放弃去做，百万细流方能汇成大海，积少成多就是这个道理。生活中我们要做好每一件小的好事，有小才会成大。

狮子王住宿

◇佚名

> 路见不平,拔刀相助。
> ——马致远

狮子是森林动物推举出来的大王,大家都非常拥戴它。

狮子王不但勇敢善战,而且生活节俭,在各方面都是动物们的榜样。

一天,狮子王出差去另一个森林,到了晚上,它便来到一家森林旅馆投宿。店主一见是狮子王,马上热情地招待起来。

"大王,小店有一间特别给您设计的'总统套房',您看看满意不满意?"

狮子王客气地对店主说:"让您费心了,给我一间便宜的小房间就可以了,我不需要住什么'总统套房'。"

"可是……"店主犹豫了一

下，继续说，"您儿子每次来咱们旅店住宿，都是选最豪华、最气派的房间，您怎么……"狮子王哈哈大笑道："就是因为它总是浪费，不懂得节约，我才决定以后再也不让它出差了！现在，它正在家里反省自己呢。"

听了狮子王的话，店主不禁吐了吐舌头，脸色发白地说："大王，您可是森林之王啊，不管您怎样浪费东西，也没有谁敢管您啊，是不是？所以，您就好好享受一下吧。"

狮子王摆了摆手，突然严肃地瞪着店主道："店主，你这样说就错了！什么东西都是来之不易的，怎么能随便浪费呢？何况我是大家推选出来的王，更要养成勤俭节约的好习惯，这样才能为其他动物做好榜样。如果大家都能够在生活方面节省一些，那我们的森林就会越来越富有，越来越美好啦！"

店主连忙惭愧地认错，同时心里充满了对狮子王的景仰之情。

小故事大道理

"静以修身，俭以养德。"狮子虽为动物之王，却从不以自身权势谋取私利，并且对铺张浪费的儿子进行了教育和惩罚。勤俭节约是一种修养，它是每个人的必修课。

乞丐也要休假 ◇佚名

[昧着良心做事是不安全、不明智的。
——马丁·路德]

贝尔纳脾气不好，动不动就大发雷霆、暴跳如雷，不过呢，虽然他的脾气不怎么好，但他的心地却十分善良。

有一个老乞丐，经常在贝尔纳家附近走来走去，也就摸透了他的脾气。于是，老乞丐每天都会在一个固定的时间，守在贝尔纳家的门口。

因为那个时间刚好是贝尔纳心情最好、最不可能发脾气的时候，所以，这乞丐每次都能够如愿以偿，从贝尔纳那里得到一些小额银币。

面对这样的情况，贝尔纳自己也感到很不舒服，他几乎快受不了老乞丐天天守在自己家门口了！可是，看到老乞丐那可怜的模样，他自己又无法拒绝向他施舍。

"唉，我到底该拿他怎么办呢？"贝尔纳烦躁地在家里走来走去，他很想出去把老乞丐赶走，可又不忍心，真是左右为难。

终于有一天，贝尔纳走到老乞丐面前，从钱包里掏出来一张大票面的钞票，递到老乞丐手里。

"给你的，拿着吧！"

老乞丐惊喜得不敢相信："这，这真的是给我的？你平时不都是给我一些零散的小银币吗？今天怎么……"

贝尔纳伸手拍拍老乞丐的肩膀，微笑着对他说："我明天要去诺曼底，可能在那里耽搁两个月，这些钱是预付给你两个月用的，你以后不必天天来了，你也有休假的权利。"

小故事大道理

善良像是一泓清泉，流过土地，树木萌生；善良像是一堆炭火，寒冷冬季，暖人心窝。善良有时候像一股轻柔的风，吹到的地方让人心旷神怡。做一个善良的人，给予善良，收获温暖。

害人终害己

◇佚名

> 把别人的幸福当做自己的幸福，把鲜花奉献给他人，把棘刺留给自己！
> ——巴尔德斯

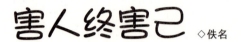

从前，有一个喇嘛专门依仗宗教势力欺压百姓。

当地的一位木匠为人刚正不阿，平时最讨厌这个喇嘛的所作所为，根本就没把他放在眼里。喇嘛一直怀恨在心，总想借机整治一下木匠。可是怎样整治呢？

一天，喇嘛终于想出了一条毒计。他对王爷说："启禀尊敬的王爷，昨晚我梦见了您仙逝的父亲——老王爷，他要我给您带来一封信。"然后把自己预先写好的一封信递给了王爷。

王爷一看，只见上面写着："我想在天上盖一座庙，但天上没有木匠，你给我火速找个木匠送来。至于怎么来，喇嘛会设法安排的。"

于是王爷派人找来木匠，对他说："我父亲在信里下了一道旨意，叫你到天上为他盖一座庙。"木匠愣了一下，问道："盖庙可以，可怎样上天呢？"

一旁的喇嘛听了暗自欢喜，连忙接过话："天上的王爷命令我把你锁在柴房里，然后把柴房点着，这样你就可以骑上火飞上天去了。"

木匠终于明白了事情的真相，原来是这个恶毒的喇嘛想借王爷的权势置自己于死地。怎么办呢？如果拒绝，王爷肯定会降罪于自己。想了想，他眉头一皱，计上心来，于是很爽快地答应了，并说好明天中午上天。

回到家里，木匠连夜和妻子在他们家和柴房之间挖了一条地下通道。第二天中午，木匠被锁进了柴房。接着，喇嘛点燃了柴房。当烈火烧起来时，木匠悄悄地从地下通道回到了家里。

从此，木匠藏在家里，每天用一种特制的马奶洗脸、洗手。

不到一个月，他的脸和手就像雪一样白。

四十天过去了，木匠白得像从天上来的使者，他穿上白袍，来到王府对王爷说："启禀王爷，天上的老王爷命我给您送信来了。"

王爷吃惊地打开信，只见上面写着："你派来的木匠给我盖了一座十分威严的庙，你要重重地奖赏他。现新庙落成，需要祈祷，你把喇嘛派来念经三日吧。上天的路依然顺着木匠走过的路。"

王爷看过信十分高兴，重重地赏了木匠，然后派人把喇嘛找来。

当喇嘛看到木匠时，真是惊呆了，不知道这究竟是怎么回事。王爷把信给喇嘛看后，他支支吾吾地说："尊敬的王爷，我怎么能上去呢？我必须每天为您祈福哇！"

王爷一听，恼怒道："现在我父王更需要你的祈福，你就去吧！"当即下令把喇嘛锁到柴房里，点燃柴房。

喇嘛在里面被火烧得狂呼乱叫，大喊救命。

站在外面的王爷问木匠喇嘛喊什么，木匠说："他在喊——升天啦！"

小故事大道理

喇嘛是一个心怀叵测，喜欢阴谋诡计的人。他处心积虑地想要杀死木匠，于是编造出王爷父亲要盖一座庙的谎言，结果被聪明的木匠给破解了。最后木匠以其人之道，还治其人之身，那喇嘛送掉了自己的性命。真是"善有善报，恶有恶报"哇！

一个祝福的价值

◇佚名

> 生活需要一颗感恩的心来创造，一颗感恩的心需要生活来滋养。
> ——王符

那年，我在美国的街头流浪。圣诞节那天，我在快餐店对面的树下站了一个下午，抽了整整两包香烟。街上人不多，快餐店里也没有往常热闹。我抽完了最后一支烟，看看满地的烟蒂叹了口气。天色渐渐暗了下来，路灯微微睁开了眼睛。暗淡的灯光让我心烦，就像暗淡的前程一样，令人忧伤。我的手插在裤子的口袋里，口袋里的东西让我亢奋。我用左手在胸前画了一个十字，然后目不转睛地盯着快要收工的快餐店。就在我向快餐店跨出第一步的时候，从旁边的街区走出一个小女孩儿，卷卷的头发，红红的脸颊，天真快乐的笑容在脸上荡漾。她手里抱着一个芭比娃娃，蹦蹦跳跳地朝我走来，我有些意外，便收住了脚步。小女孩儿仰起头朝我深深一笑，甜甜地说："叔叔，圣诞节快乐！"我猛地一愣。这些年来，大家都把我给忘了，从没有人记得送给我一个祝福。"你好，圣诞节快乐！"我笑着说。"你能给我的孩子一份礼物吗？"小女孩儿指了指手中的娃娃。"好的，可是……可是我什么也没有。"

我感到难为情，我的身上除了裤子口袋里不能给别人的东西外，一无所有。

"你可以给她一个吻啊！"

我吻了她的娃娃，也在小女孩儿的脸上留下深深的一吻。小女孩儿显得很快乐，对我说："谢谢你，叔叔，明天会更好，明天再见！"我看着美丽的小女孩儿唱着歌儿远去，对着她的背影说："是的，明天一定会好起来，明天一定会更好！"我离开了那个地方。

五年后的今天，我有了一个温暖的家。妻子温柔善良，孩子活泼健康。我在中国的一所大学里教英语，学校里的老师和学生都很尊重我，因为我能干而且自信。

又到了圣诞节，圣诞树上挂满了"星星"，孩子在搭积木，妻子端来了火鸡。用餐前，我闭上了眼睛，默默祈祷。

祈祷完了，妻子问我，你在向上帝感谢什么呢？我静静地对她说，其实在五年前，我就不再相信上帝，因为他不能给我带来什么。每年圣诞节我并不是在感谢他，而是在感谢一个改变我一生的小女孩儿。我对妻子说："你知道我是进过监狱的。""可那是过去了。"妻子看着我，眼神里充满爱意。"是的，那是过去，但是当我从监狱里出来以后，我的生活就全完了，我找不到工作，谁都不愿意和一个犯过罪的人共事。"

我忧伤地回忆着："连我以前的朋友也不再信任我，他们躲着我，没有人给我任何安慰和帮助。我开始对生活感到绝望，我发疯地想要报复这个冷漠的社会。那天是圣诞节，我准备好一把枪，藏在裤子口袋里。我在一家快餐店对面寻找下手的时机，我想冲进去抢走店里所有的钱。"妻子睁大了眼睛："杰，你疯了。""我是

疯了,我想了一个下午,最多不过再被抓进去关在监狱里,在那里,我和其他人一样,大家都很平等。""后来怎么样?"妻子紧张地问。接下来,我给妻子讲了那个故事:"……小女孩儿的祝福让我感到温暖,我走出监狱以来,从没有人给过我像她那样温暖的祝福。亲爱的,你知道是什么改变了我的命运吗?"妻子盯着我的眼睛。"小女孩对我说'明天会更好',感谢她告诉我生活还在继续,明天还会更好。以后在困难和无助的时候,我都会告诉我自己

'明天会更好'。我不再自卑，我充满自信。后来，我认识了你的父亲，他建议我到中国来，接下来的事情你都知道了。就是那个小女孩儿的一个祝福，改变了我的一生。"妻子深情地看着我，把手放在胸前，动情地说："让我们感谢她，祝福她快乐吧。"我再一次把手按在了胸前。

一个祝福的价值是无法用金钱来衡量的。所以，我们不要吝啬于祝福，哪怕只是对一个陌生人。或许你我无意间送出的祝福，将会带给他一生的温暖和幸福。

小故事大道理

祝福是一次雪中送炭，也是一针强心剂。当人们遇到困难，找不到方向时，祝福也许会给他点起一盏明灯。当一个人由于某种原因对世界丧失希望时，一句祝福或许能够重新燃起他生活下去的信心。懂得祝福别人的人是幸福的。

第四辑
人生的偶然

其实人生中有很多偶然,有很多可以重新开始的机会,不要轻易放弃上帝给你的任何一个机会。也许一件小事,就可以改变你的人生。

学会感恩
◇肖复兴

[诚实是人生的命脉，是一切价值的根基。
——德莱塞]

说到感恩，西方有一个感恩节。那一天要吃火鸡、南瓜馅饼和红莓果酱。那一天，不分天南地北，再远的孩子，也要赶回家和家人团聚。

说到感恩，"谁言寸草心，报得三春晖""谁知盘中餐，粒粒皆辛苦"是我们小时候就背诵的诗句；"没有共产党，就没有新中国""吃水不忘挖井人"讲的都是要感恩。滴水之恩，涌泉相报；衔环结草，以报恩德，告诉我们的也是要感恩。

那么，什么是感恩？简而言之，知恩图报。那么为什么要感恩？先给大家讲一个小故事：

美国曾经有这样一个传说：一个村子里，一家人围坐在餐桌前吃饭，母亲端上来的却是一盆稻草。全家人都很奇怪，不知道这究竟是怎么回事。母亲说："我给你们做了一辈子的饭，你们从来没有说过哪怕一句感谢的话，称赞一下饭菜好吃，这和吃稻草有什么

区别？"

连世上最不求回报的母亲都渴望听到哪怕一声感谢的回报，那么我们对待别人给予的帮助和恩惠，难道不应该答恩言谢吗？现实生活中，大多数人常常对别人给予自己的帮助和情谊、恩惠和德泽，当作是理所当然，这便容易忽略或忘记，在有意无意中伤害了那些对我们有恩的人。

想到我自己，小时候不懂事，对爸爸妈妈细小琐碎、无微不至的小心呵护总觉得是一种约束，总嫌他们管得太严，很不自由；总梦想着赶快长大，有一天可以远离他们，做自己想做的事情。现在，我早已过了小孩的年龄，参加工作，做了一名教师。每次回家，瓜果梨桃，好饭好菜，老爸老妈高兴得不得了。为人子女，感动之余更多的是羞愧：人间最亲莫过父母情，涌泉难报父母恩哪！

有人常说，大恩不言谢，但是，对于有恩的人，我们怎能不常怀一颗感恩的心？感恩之情可以止于口，但一定要发于心，对世界上，不管什么人给予自己的，哪怕是再微不足道的帮助和关怀，我们都不要忘了感恩。

记得曾经看过这么一段广告：天降大雨，一位孕妇冒雨等待着公交车的到来，十分着急，这时一位男子把自己手中的伞高高撑在她的头顶，公交车到了，他们互相告别；十字路口，一个小男孩好像迷了路，吓得直哭。这时一位男子过来牵着他的小手，带他去找妈妈。最后，他们终于找到了正着急找儿子的妈妈，孩子破涕为笑，跟叔叔道声再见。就在感恩的一瞬间，世界变得多么的温馨美好！

　　没有阳光，就没有日子的温暖；没有雨露，就没有五谷的丰登；没有水源，就没有生命；没有父母，就没有我们自己；没有亲情友情和爱情，世界就会是一片孤独和黑暗。这些都是浅显的道理，没有人会不懂。我们更需要一种感恩的思想和行动，让关爱和友善在每个人的心田迅速传播，让我们学会感恩地生活！

小故事大道理

　　羊有跪乳之恩，鸦有反哺之义。"生活需要一颗感恩的心来创造，一颗感恩的心需要生活来滋养。"感恩无处不在，要对所有有恩于你的人们感恩，不仅仅是父母，兄弟姐妹和老师。投之以桃，报之以李，有一颗懂得感恩的心才算得上一个完整的人。

人生的偶然

◇雪小禅

> 幼儿比如幼苗，必须培养得宜，方能发芽滋长。
> ——陶行知

人生是有许多偶然的，所以也就有了很多的机会。

十六岁的时候，她只是个很平常的女生，学习成绩不好，上课时心不在焉。那时她上初二，不知道明天在哪里。一次期中考试前，她的好友悄悄把她拉过来说："告诉你一个好消息，我有了这次考试的试卷了。"原来这份试卷是她的好友向邻校的一个女生借过来的，据说这次考试考的就是这份试卷。这是一张数学卷子，她几乎把它背了下来。如果按她的真实水平，大概只能考三十多分，但那次她考了全班第一。她的朋友只背了其中一部分，考了七十多分。让她没想到的是，所有人都怀疑她作弊了，只有老师表扬了她，说她进步很快，以后肯定还会考出好成绩。那一刻，她差点流出了眼泪。她没想到老师会相信她，她体会到了一种从未有过的喜悦之情，原来取得好的成绩是如此美妙！为了证明自己没有作弊，为了对得起老师那番表扬，她像发了疯一样开始学习，并逐渐体会

到了学习的乐趣。不久,她的学习成绩跃居全班第一名。一年后,她考上重点高中。三年以后,她考上了一所名牌大学。

　　如果不是那次偶然借来的试卷改变了她的命运,她也许会和其他一些女孩子一样,毕业后就去外地打工。后来同她一起作弊的女生去饭店打零工,而她则去美国留学了。十几年后她回到母校做报告,向学生们讲述了自己的故事。当时已经白发苍苍的数学老师告诉她:"孩子,当时我知道你是作弊了,因为以你当时的能力不可能考九十八分。但我想,也许你从此能发愤学习,我应该鼓励你。"

那一刻，她的泪水流了下来。

还有一件令人感动的事情。一个德行不好的人，不仅好吃懒做，还有偷偷摸摸的习惯。所有人都很讨厌他，因为他借了钱总是去赌博，从来不知道还钱。

有一次他又想借钱，但周围的人都不肯再借钱给他。于是他向一位远房亲戚借钱，那是他第一次向她张口，他以为她还不知道自己的底细。他很顺利地拿到了钱，但在转身要走的一刹那，她叫住了他："曾有人打电话给我，说你是个骗子，但我相信你不是那样的人，也许他们对你有误解。"在听到这句话之前，他本来想拿这笔钱去赌博的。但这句话给了他很大的震动，他没有说话，转身就走了。后来他离开了家乡，去了另外一个城市。半年后，他的亲戚收到了他从外地寄来的一笔钱。三年后，他衣锦还乡，把以前欠的债全部还清了。从那次借钱开始，他领悟到自己应该有另一种人生，他要赢得所有人的信任，他不愿再做个骗子。是他的亲戚给了他这个机会。

其实人生中有很多偶然，有很多可以重新开始的机会，不要轻易放弃上帝给你的任何个机会。也许一件小事，就可以改变你的人生。

小故事大道理

人非圣贤，孰能无过？每一个人都有犯错误的时候。也许是因为头脑一时不清，也许是被生活所迫。面对这样的情况，不要恶狠狠地进行指责，给他们一个真诚并且信任的微笑，也许这将成为他们人生的转折点，一个新的好的开始。

少壮须努力

◇佚名

[诚实是一个人得以保持的最高贵的东西。
——乔叟]

有个流浪的艺人,虽然才四十几岁,却已骨瘦如柴,形容枯槁,医生的诊断结果是肝癌晚期。临终前,他把年仅十六岁的儿子找来,叮咛道:"你要好好读书,不要和我一样,少壮不努力,老来没成就。我年轻时蛮干好斗,日夜颠倒,不戒烟酒,正值壮年就得了绝症。你要谨记在心,不要再走我的老路。我没读什么书,没什么大道理可以教你,但你要记住把'少壮不努力,老来没成就'这句话传下去。"说完,他咽下最后一口气,十六岁的儿子却懵懵懂懂地站在一旁。

长大后,他儿子仍然在酒

家、赌场闹事。有一次与别人起冲突，他因出手过重伤了人命，锒铛入狱。出狱后，人事全非，他发觉不能再走老路了，但因为没有一技之长，无法找个正当的职业，他只好回到乡下，靠打零工维持生计。由于他年轻时无法体会父亲的遗言，耽误了终身大事，年近半百才成婚。随着年事渐长，他逐渐体会到父亲临终前的话，但为时已晚。他的体力一天不如一天，面对着无法撑持起来的家，他心里有着无限的忏悔与悲伤。

　　一个夜晚，他喝了点儿酒，带着醉意，把十六岁的儿子叫到跟前。看着眼前的儿子，他不觉发起呆来，父亲临终前的景象在他的脑海中显现，他有些自责地喃喃自语："我怎么没把那句话听进去啊。"说着，泪水流下他的双颊。儿子安慰他道："爸爸，您喝醉了！""我没有醉，我要把你爷爷交代我的话告诉你，你要牢牢记住。""爸爸！什么话这么重要啊！""当年你爷爷临终时交代我不要'少壮不努力，老来没成就'，我没听进去。结果我费尽一生才体会出这句话的含义，但为时已晚。""这句话不是人人都懂吗？""是啊。但并不是每个人都能铭记它的教训。希望你好好做人，儿孙将来都能成才，不必再把这句话当遗言交代了。"

小故事大道理

　　"少壮不努力，老大徒伤悲。"想必这是一句熟得令人生厌的话，很小的时候父母便耳提面命告诉我们这个道理，父母十分用心地提醒，孩子却大多没有放在心上，依然我行我素，最终也要自食其果。年少时就应该多学多练，这样长大后才能成为一个栋梁之才。

骗不了一世

◇佚名

> 锲而舍之，朽木不折；锲而不舍，金石可镂。
> ——荀子

  古时候，在一个繁华的小镇上住着一对夫妇。他们在小镇上开了一家小酒店，丈夫负责进料酿酒，妻子负责卖酒，每次都是丈夫把酒封好后，妻子直接卖给客人。由于他们的酒质香醇，回头客很多，日子过得很红火，生意也越做越旺，这个小店的名气也越来越大。一个大酒商看上了这个小酒店并打算和他们合作，于是邀请丈夫前去商谈。

  半个月后，当他回来时，大吃一惊，只见原先红红火火的店门口现在却不见几个人来喝酒。他急忙走进去，找到妻子，只见妻子正在做饭，他不由得着急地问："这是怎么了，怎么这么少的人来我们这儿喝酒？"

  他的妻子非但不着急，反而神秘地拉了拉他的衣袖，指着一坛酒说："当家的，你别着急，你走的这半个月我多赚了不少钱呢！你看，我把你以前封好的酒倒出一半，再加入凉水，这样我们就多

赚了一倍的钱呢!"

这个人扬手就给了他的妻子一巴掌,长叹一声,说道:"你这个蠢女人哪,你这样做能骗得了一时,还能骗得了一世吗?你看现在还有人来我们这儿喝酒吗?"

小故事大道理

诚信是一双价格不菲的鞋子,踏遍千山万水,质量也永恒不变。诚信像一面镜子,一旦打破,你的人格就会出现裂缝。诚信是一种崇高的美德,拥有它,你才会拥有朋友,获得信任。诚信的人是目光长远的人,诚信在生活中会给你带来不菲的收益。

吐"墨汁"的小乌贼

◇佚名

> 人无忠信，不可立于世。
> ——程颐

小乌贼长大了，乌贼妈妈开始告诉它怎样放出"墨汁"，保护自己。

"孩子，我们每个乌贼都有一个墨囊，遇到紧急情况，就放出'墨汁'，掩护我们逃跑，你试试。"妈妈鼓励小乌贼。

小乌贼在妈妈的指导下，果然喷出一股浓浓的"墨汁"。

自从知道自己有了这样的本事，小乌贼总是不停地向小海蛾、小虾鱼、小海参炫耀。

"小乌贼，这点本事不该拿来炫耀，应该学点新东西。"小海参劝告道。

"用你来教训我？讨厌！"小乌贼发怒了，冲着小海参、小虾鱼、小海蛾喷出一股股浓黑的"墨汁"来，弄得它们东躲西藏，还把附近海水搞得一片漆黑。结果，连它自己也辨不清方向，冲不出去了。

待黑黑的"墨汁"散去，小乌贼已搞得筋疲力尽了。这时，一个大黑影子向它扑了过来，它心里一惊，忙施展放"墨汁"的本领，可它肚子里的"墨汁"用空了，什么也挤不出来。看着大鱼越来越近，小乌贼慌了。

"小乌贼，快闪开！"小海参推开小乌贼，向大鱼迎上去。

正当大鱼要吞掉小海参的时候，小海参丢出一串肠子给大鱼，而它自己却藏入岩缝，脱离了险境。

大鱼离开后，小乌贼羞愧地说："我错了，真想不到你也有迎敌的本领。"

小海参淡淡地说："把肠子抛给敌人，以此保护自己，是我的本能，没什么可夸耀的，好多生物的本领都比我们强！"

小乌贼慢慢地低下头，惭愧极了。

小故事大道理

谦虚是一种低调的为人处世的态度。你可能有某一方面的特长，可这不是炫耀的资本，更不可以嘲笑不如自己的人，这个人也许在另一方面就是你的老师。如果想获得成功，就一定要学会谦虚，克服骄傲自大的心理。

三本记分册 ◇佚名

[生命不可能从谎言中开出灿烂的鲜花。
　　　　　　　　——海涅]

　　左琴科上学读书是很久以前的事了。那时，老师把每次提问所得的成绩写在记分册上，给他们打上分数，从五分到一分。

　　左琴科进学校的时候，年龄还很小，上的是预备班。当时他才七岁。对于学校的情况，左琴科一无所知，因此，最初三个月里他简直是懵懵懂懂。有一次，老师布置他们背诗。可是，左琴科没背会那首诗，他压根儿没听见老师的讲话。因为坐在他后边的几个同学不是用书包拍他的后脑勺，就是用墨水涂他的耳朵，再不就是揪他的头发。正是由于这个原因，左琴科坐在教室里总是提心吊胆，甚至呆头呆脑，时时刻刻提防着，生怕坐在后面的同学再想出什么招儿来捉弄自己。

　　第二天，仿佛与左琴科作对似的，老师偏偏叫他起来背那首诗。左琴科不仅背不出来，而且都没想到过世界上会有这么一首诗。老师说："好吧，把你的记分册拿来！我给你记个一分。"于是左琴科哭了，因为他还是第一次得一分。不过他并不清楚，这会带来什么后果。

课后，他的姐姐廖利亚来找他一起回家。看了他的记分册，她说："左琴科，这下可糟了！老师给你的语文打了一分，这事儿真糟！再过两个星期就是你的生日，我想，爸爸不会送照相机给你了。"左琴科说："那可怎么办呢？"廖利亚说："我们有个同学干脆把记分册上有一分的那一页和另一页粘在一起，她的爸爸用手指舔上唾沫也没能揭开，这样也就没有看到那个分数。"左琴科说："廖利亚，欺骗父母，这不好吧！"廖利亚笑着回家了。而左琴科呢？他忧心忡忡地来到市立公园，坐在那儿的长凳上，翻开记分册，怀着恐惧的心情盯着上面的一分。

左琴科在公园里坐了很久，然后就回家了。已经快到家了，他才突然想起，自己把记分册丢在公园里的长凳上了。他又跑回公园，可是记分册已经不翼而飞。起先他很害怕，继而又高兴起来，因为这下他就没有记着一分的记分册了。回到家里，左琴科告诉父亲，记分册被他搞丢了。廖利亚听了他的话笑了起来，并对他眨眨眼睛。

第二天，老师知道左琴科的记分册丢了，又给他发了一本新的。左琴科翻开这本新的记分册，指望上面没有一个坏分数，但在语文栏内还是有个一分，而且笔道更粗。左琴科顿时十分懊丧，简直气极了，就把新的记分册往教室里的书柜后面一扔。

两天以后，老师知道左琴科的这本记分册也丢了，又给他填了一份新的，除了语文有个一分外，老师还在上面给左琴科的品行打了个两分，并且说，一定要把记分册交给他的父亲看。

课后，左琴科见到廖利亚，她说："如果我们暂时把记分册上

的那一页粘起来,这不算撒谎。一个星期以后,等你生日那天拿到了照相机,我们再把它分开,让爸爸看上面的分数。"左琴科很想得到照相机,于是就和廖利亚一起把记分册上那倒霉的一页的四只角都粘了起来。

晚上,爸爸说:"喂,把记分册拿来!我想看看,你不至于会有一分吧?"爸爸打开了记分册,但上面一个坏分数也没有,因为那一页被粘起来了。

爸爸正翻阅着左琴科的记分册,楼梯上突然传来了门铃声。

一位妇女走进来说:"前几天我在市立公园散步,就在那里的长凳上看到一本记分册,根据姓氏我打听到地址,就把它给您送来了,让您看看,是不是您的儿子把它搞丢了。"爸爸看了看记分册,当他看到上面有个一分,就一切都明白了。

他没有骂左琴科,只是轻轻地说:"那些讲假话、搞欺骗的人是十分滑稽可笑的,因为谎言或迟或早总是要被揭穿的,要想人不知,除非己莫为。"左琴科站在爸爸面前,满脸通红。他沉默了好久说:"还有一件事:我把另外一本打了一分的记分册扔到学校里的书柜后面了。"爸爸没有更加生气,他的脸上反而露出了笑容,显得很高兴。他抓住左琴科的双手,吻了吻。"你能把这件事老老实实说出来,这使我非常高兴。这件事可能长时间内没有人知道,但你承认了,这就使我相信,你再也不会撒谎。就为这一点我送给你一架照相机。"

小故事大道理

失足,你可以马上恢复站立;失信,你也许永远难以挽回。守护诚实,要比守卫财产更加重要。俗话说得好:"若要人不知,除非己莫为。"一旦撒出一个谎,那么会需要千千万万个谎来隐瞒,必然是苦不堪言的。做一个诚实的人,敢于承担错误的人,成功便离你不远了。

高等教育

◇王伟

> 不信不立，不诚不行。
> ——晁说之

伟高考落榜后就随哥哥到深圳打工。深圳很美，伟的眼睛就不够用了。哥说，不赖吧？伟说，不赖。哥说，不赖是不赖，可总归不是自己的家，人家瞧不起咱。伟说，咱自个儿瞧得起自个儿就行。

伟和哥在码头的一个仓库里给人家缝补篷布。一天夜里，暴风雨骤起，伟从床上爬起来，冲到雨帘中。哥劝不住他，骂他是个憨蛋。在露天仓库里，伟察看了一个又一个的货堆，加固被掀起的篷布，这时候老板开车过来了，伟已成了一个水人儿。老板看到货物无损，当场要给伟加薪。伟说，不用了，我只是看看我缝补的篷布结不结实。

老板见他如此诚实，就想让他到自己的另一个公司当经理。伟说，我不行，让文化高的人干吧。老板说，我说你行你就行，你比文化人高明的就是你身上的憨劲！就这样，伟当了经理。公司刚开张，需要招聘几个有文化的年轻人当业务员，哥闻讯跑来，说，给我弄个美差干干。伟说，你不行。哥说，看大门也不行吗？伟说不行，你不会把活儿当自己家的干。哥的脸涨得通红，骂他没良心！

伟说把事当自个儿的事干才算有良心。

公司来了几个有文化的大学生，业务很快就开展起来了。几个大学生不知从哪儿知道了伟的底细，很是不服。伟知道并不生气，对他们说："我们既然在一起做事，就要把事做好。我这经理的位置谁都可以坐，但真正有价值的并不是它。"那几个大学生面面相觑，不吭声了。

一家外商听说伟的公司很有发展前景，想和伟在一个项目上合作。伟的助手说，这可是一条大鱼啊。伟说，对头。

外商来了，是位外籍华人，还带着翻译和秘书。伟用英语问："先生，会说汉语吗？"那外商一愣，说："会。"伟就说："我们用汉语谈好吗？"外商道了一声"OK。"

谈完了，伟邀请外商共进晚餐。晚餐很简单，但很有特色。

所有的盘子都尽了，只剩下两个小笼包。伟对服务员说："请把这两个包子装进食品袋里，我要带走。"伟说这话时很自然，他的助手却紧张起来，不时地看看外商。那外商站了起来，抓住伟的手紧紧地握着，说："OK，明天我们就签合同。"

事成之后,老板设宴款待外商,伟和他的助手都去了。席间,外商轻声问伟:"你受过什么教育?为什么能做得这么好?"伟说:"我家穷,父母不识字。可他们对我的教育是从一粒米、一根线开始的。后来,我母亲去世,父亲辛辛苦苦地供我上学。他说:'俺不指望你高人一等,能做好自己的事就中……'"老板的眼里渗出了亮亮的液体,他端起一杯酒,对伟说:"我敬他老人家一杯,他给了你人生中最好的教育。"

小故事大道理

孔子曾经说过内不欺己,外不欺人,用真实的自己面对别人时,别人也会把自己真实的一面显露给你,两个人之间会架起一座信任的桥梁。真实能够将怀疑赶走,真实能够给人内心以踏实。有了它就像有了一把锋利的剑,在事业生涯中必定无往不利。

心灵契约

◇佚名

> 温和的语言，是善良人家庭中决不可缺少的。
> ——佚名

吉姆和露西是一对兄妹，哥哥八岁，妹妹五岁。露西刚出生不久，他们的母亲就去世了，父亲辛辛苦苦抚养他们长大。父亲是一家汽车公司的职工，靠维修汽车来维持生活，一家人的日子过得虽然拮据，但是却充满了欢乐。兄妹俩很听话，从不给父亲惹麻烦，他们放学后就乖乖地在家做作业，等父亲回家。父亲回来时，总是给他们带好吃的黄油面包，一家人吃完晚饭，就围坐在拥挤却很温馨的小屋里，父亲给孩子们讲讲他白天看到的趣闻趣事，而孩子们则依偎在父亲身旁，兴致勃勃地谈论今天新来的老师和同学，谈着谈着，他们就在父亲的膝头上睡着了。

儿童节快到了，父亲打算给兄妹俩买一些礼物。就给他们一人买一双鞋吧，他想。因为吉姆的那双鞋已经穿了半年了，而露西的那双也破了一道口子。尽管这个月已经透支了下个月的一部分工资，但是父亲决定，还是要让孩子们过一个快快乐乐的节日。

于是星期六的晚上，吃完晚饭，父亲宣布：兄妹俩将各自得到一双鞋。两个孩子的小脸上洋溢着满足和欢乐，他们使劲吻着父亲的脖子，表示他们为拥有这样一位伟大的父亲而骄傲。父亲则喜滋滋地享受着孩子们慷慨的爱。

第二天一早，兄妹俩早早地起床，叫醒了父亲，一家人直奔曼哈顿街区的皮鞋市场。在一家不大的皮鞋店内，父亲帮孩子们挑选着他们喜欢的鞋，这家皮鞋店人不多，鞋子也不是很贵，因此父亲还是承担得起这笔花费的。

但是他们在这家店里没有挑到合适的鞋，这时他们准备离开这家鞋店。就在他们要跨出门槛的时候，店内的老板娘突然叫道："你们给我站住，我的钱刚刚丢了，肯定是你们拿了！"父亲和两个孩子转过身，惊异地看着一脸怒气的老板娘，不明白到底发生了什么事。老板娘气急败坏地叫道："是的，肯定是你们拿了我的钱，我刚刚看见她走到柜台那儿了。"老板娘用手指着露西，用恶狠狠的眼神盯着她。父亲看了一眼露西，她不知所措地站在那儿，脸蛋涨得通红，正努力地不让自己哭出来，而她亮闪闪的大眼睛里也充满了泪水。

父亲见了这番情景，转过身去看着老板娘，用坚定的语气说："太太，你肯定是弄错了，我的孩子是从不偷东西的。"

"你们这是在抵赖！"老板娘尖细的嗓音在沉闷的空气中回荡，"刚才店里就只有你们三个人，而且我明明看见这个小贱骨头刚才凑到那儿去了。"老板娘看着露西，坚决不肯让步。

父亲说道："如果你坚持这么看的话，我们不妨上柜台那儿看看。""哼，我看你马上就会觉得脸红的。"老板娘唠叨着。

父亲带着兄妹俩向柜台走去。大热天，一只风扇从柜台后面吹

来凉爽的风。父亲看了看露西,问道:"孩子,告诉我,你刚才来过了吗?"露西的眉头紧蹙,过了一小会儿,才嗫嚅着答道:

"是的,但是我不是来偷……我觉得这儿很凉爽……"露西的话音未落,老板娘又大叫了起来:

"就是她……你休想抵赖!"

父亲看着快要吓哭了的露西,转身问老板娘:"你丢了多少钱?""十美元。"老板娘气冲冲地说。父亲从钱包里掏出十美元,放在柜台上说:"太太,我敢肯定我的孩子没偷,但既然你丢了十美元,我来弥补你的损失。"老板娘毫不客气地收起钱,说道:"偷了就得赔,还找什么借口。"

兄妹俩跟在父亲身后出了鞋店，露西一言不发，吉姆则不明白父亲为什么要这么做。这一天他们没买鞋，但是父亲允诺他们，等下个月发了工资就给他们补上。而露西也从父亲充满爱意的眼神里，明白了父亲是绝对相信自己的。

这样过了十来天，有一天父亲上班时路过这家皮鞋店，突然听到店里有人冲他打招呼。他扭头一看，只见老板娘跑了出来，满脸带笑地说道："你好，真是对不起，你知道，上次你们来买鞋，我冤枉了你们……后来我在柜台后面找到了钱，这是赔你们的十美元。"

父亲接过十美元，脸上露出了欣慰的笑容，他决定，马上就给露西买一双漂亮的皮鞋。

小故事大道理

诚实是力量的一种象征，它显示着一个人高度自重的非凡品格。露西是诚实的，小小的她将自己诚信的那堵墙坚守得十分牢固。父亲坚信自己的女儿不会偷东西，这与好的家庭教育脱不了关系，父亲和女儿有一个心灵契约，它便是诚实。

我是重要的
◇佚名

[如果你真的喜欢一个人，请把你喜欢他的原因告诉他。
——佚名]

一位在纽约任教的老师决定告诉她的学生们，他们在她的眼中是何等的重要，她要表达对他们的赞许。她决定采用一种巧妙的方法，就是将学生逐一叫到讲台上，然后告诉大家这位同学对整个班级和对她的重要性，再给每人一条蓝色缎带，上面用金色的字写着：我是重要的。之后那位老师想在班上举行一个活动，来看看这样的实践对一个社区会造成怎样的影响。她给每个学生发了三个缎带别针，叫他们出去后向别人做一个感谢的仪式，然后观察这样做的结果，一个星期后回到班级报告情况。

班上一个男孩子到邻近的公司去找一位年轻的主管，因为他曾经指导他完成生活规划。那个男孩子将一条蓝色缎带别在他的衬衫上，并且多给了两个别针，接着解释道："我们正在做一项研究，我们必须出去把蓝色缎带送给自己感谢和尊敬的人，并且发给他们别针，让他们也能向别人进行相同的感谢仪式。下次请告诉我，这

么做的结果。"

过了几天,这位年轻主管去看他的老板。从某些角度而言,他的老板是个易怒、不易相处的人,但极富才华。他向老板表示自己十分仰慕他的创造天分,老板听了十分惊讶。这个年轻主管接着要求他接受蓝色缎带,并允许他帮他别上。一脸吃惊的老板爽快地答应了。那年轻人将缎带别在老板的外套上,并将剩下的别针送给他,然后问他:"您是否能帮我个忙?把这缎带也送给您所感谢的人。这是一个男孩子送我的,他正在进行一项研究。我们想让这个感谢仪式继续下去,看看会有什么样的效果。"

那天晚上,那位老板回到家中,坐在十四岁的儿子身旁,告诉他:"今天发生了一件不可思议的事情。在办公室的时候,有一个年轻的同事告诉我,他十分仰慕我的创造天分,还送我一条蓝色缎带。想想看,他认为我的创造天分如此值得尊敬,甚至将印有'我是重要的'的缎带别在我的夹克上,还多送我一个别针,让我能送给自己感谢和尊敬的人。当我今晚开车回家时,就开始思索要把别针送给谁呢?我想到了你,你就是我要感谢的人。这些日子以来,我回到家里并没有花许多精力来照顾你、陪你,我真是感到惭愧。有时我会因你的学习成绩不够好、房间很乱而对你大吼大叫。但今晚,

我只想坐在这儿,让你知道你对我有多么重要,除了你妈妈之外,你是我一生中最重要的人。好孩子,我爱你。"他的孩子听了十分惊讶。他开始呜咽啜泣,最后哭得无法自制,身体一直在颤抖。他看着父亲,泪流满面地说:"爸,我原本打算明天就自杀的,我以为你根本不爱我,现在我想已经没有那个必要了。"

小故事大道理

这是一个老师为了表达对学生赞许而引出的故事。机缘巧合,它竟然挽救了一个孩子的性命,不得不引发人们深思。自己有没有珍惜身边的亲人?他们能感到你的在乎吗?想想自己有多久没和家人们说话吃饭了?如果这时你脑中浮现出了你的父母的慈祥面容,不要犹豫,这是你应该回家看看的时候了。

信任无价 ◇佚名

[信任存在于相互了解的基础之上。
　　　　　　　　——佚名]

一位女教师刚当上高三班主任不久，班上就发生了一件不愉快的事情——一个学生价值近千元的快译通丢了。

一切迹象表明，偷东西的就是本班的学生。这位女教师感到非常难过，她没料到这样的事竟会发生在自己的班级，而且是自己刚刚"走马上任"后不久。

她觉得非常自责，觉得这是对学生品行教育的失败。

如何处理这件事呢？这位女教师考虑过许多方法，最终她是这样做的。一天放学前，她像往常一样站在讲台上，脸色十分平静。学生们似乎都很紧张，一双双眼睛都盯着她，似乎在等她"破案"。

这位女教师说话了："大家都知道了，我们班里发生了一件不该发生的事情，有位同学错拿了别人的东西，我知道他不是故意的，他很后悔。我很了解他，我知道他一定会把东西还给同学的。"

教室里一片寂静。女教师顿了顿，又说道："我相信他，我敢用自己的生命打赌，他一定会这样做的！是的，我打赌，从现在开始我不吃饭，等他把拿错的东西还回去之后我再吃饭。好了，现在放学吧。"

学生们都背着书包回家了，没有一个人留下来。

第二天早上，仍然没有人来找女教师承认错误，也没有人把东西送回来。

当然，这位女教师一直没有吃东西，可是她依旧打起精神去上课。

第三天上午又是这位女教师的课，她的胃里空荡荡的，强烈的饥饿感折磨着她，她喝了一杯水，坚持上完了这一堂课。

当她走下讲台的时候，她感觉到腿有些发软，头上冒出许多虚汗。

学生们都在静静地看着她，目光中充满关怀。

她知道，这些眼光中一定有两道是愧疚的，她要给他时间。

她相信他是有良知的，她要让他自己去发现这一点。

晚上放学之前，这位女教师在办公桌上看到了失踪的快译通，还有一块三明治、一封信。女教师激动地展开信，只见上面写道：

"老师,谢谢你的信任。我一定会改正错误的。"下面没有署名。

她没有再追查这个学生是谁。她想他也不想让任何人知道这件事是他做的,但她坚信,他再也不会这样做了。

小故事大道理

犯了错误能够及时认识到并改正,就会让自己不去背负良心的谴责。文中那个犯错的孩子是幸运的,因为他有一个天使般的老师,让他及时回头。相信这件事会改变孩子的一生。

阅读反馈

_____学校 ___年级___班级 姓名_____指导教师_____

一、选择题

1.在《猴子种栗子》中，老二靠什么让自己的生活越过越好？（　　）

　　A.虚报栗子的收获情况　　B.拥有最多的栗子树

　　C.以诚信踏实的态度，用科学方法种栗子

　　D.常常得到别人的帮助

2.在《尼泊尔的啤酒》中，我们学到了（　　）的可贵？

　　A.坚强　　　B.善良　　　C.诚信　　　D.勇敢

3.在《不悔的选择》中，主人公为什么要辞去公务员的工作？（　　）

　　A.他找到了更好的工作　　　B.他在这份工作中不顺心

　　C.他为了照料生病的母亲　　D.他为了照料生病的妻子

4.在《上帝的回答》中，这个鬼魂在人世间的一次乘船中，抛弃了什么？（　　）

　　A.美貌　　　B.金钱　　　C.荣誉　　　D.诚信

5.在《托尔斯泰的宽容》中，托尔斯泰被误认成（　　）。

　　A.清洁工　　B.搬运工　　C.机修工　　D.安装工

6.在《宽容的蜘蛛大婶》中，蜘蛛大婶为什么没有马上吃掉撞在网上的蜻蜓，而是和知了聊起天来？（　　）

　　A.它不饿　　　　　　　　　B.它在向知了炫耀

　　C.它故意告诉蜻蜓逃生的方法　　D.它要好好折磨蜻蜓一番

二、简答题

1.在《一杯牛奶》中,是什么激励了小男孩去奋斗?

2.在《韩信的承诺》中,虽然亭长夫人以前对韩信并不太好,但韩信取得成就后仍赐予她一百钱,从中我们可以学到什么?

3.在《抱抱法官》中,李·夏普洛为什么喜欢拥抱别人?

4.在《狮子王住宿》中,狮子王不铺张浪费的习惯是否正确?为什么?

指导教师评语